増補改訂

ドニチエコきっぷでめぐる名古屋歴史散歩

中山正秋【編著】
Masaaki Nakayama

風媒社

名古屋市と周辺交通路線図

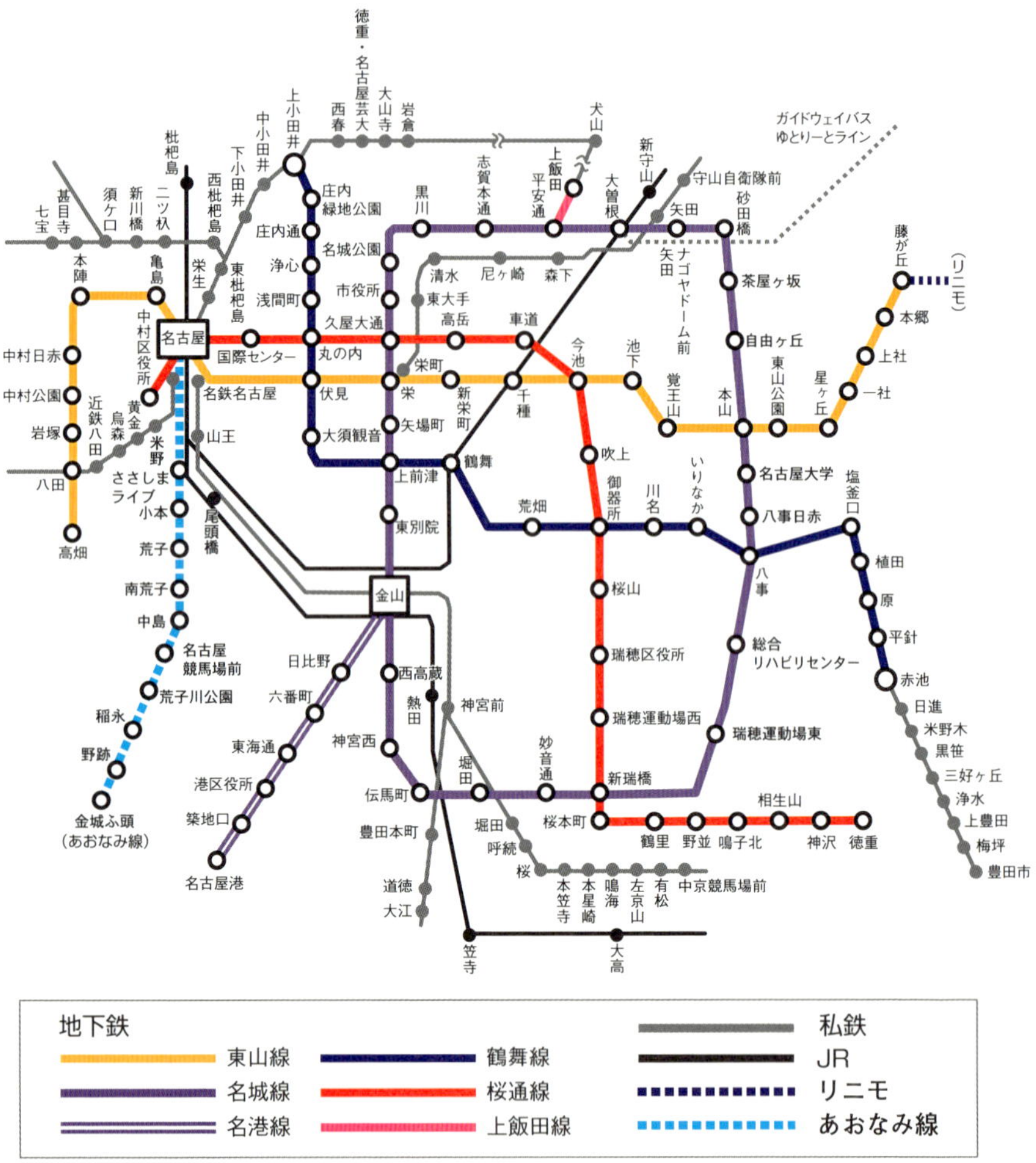

ドニチエコきっぷは、名古屋市の市バス・地下鉄全線の一日乗車券です。利用日は、土・日・毎月８日で、料金は大人 600 円・小児 300 円（ドニチエコきっぷを提示すると、名古屋城・徳川園など有料施設の入園料が割引になります）。

また、なごや観光ルートバス「メーグル」もオススメです。運行日は火曜〜日曜（月曜〔休日の場合は翌日、年末年始は運休）。料金は１乗車大人 210 円・小児 100 円。１DAY チケットは大人 500 円・小児 250 円です。ルートは名古屋駅―産業技術記念館―ノリタケの森―名古屋城―徳川園・徳川美術館・蓬左文庫―文化のみち二葉館―市政資料館―名古屋テレビ塔―広小路栄―広小路伏見―名古屋駅　　　　(2014.9 改定)

はじめに

2008年にこの本を出版して6年が経過しました。その間、東日本大震災という未曽有の災害が東日本を襲い、福島原発事故による放射能汚染はいまだ解決の道筋が見えません。異常気象による災害も後を絶ちません。

かつて和辻哲郎が『風土』で分析したように、日本は多雨・多湿のモンスーン気候の中、豊かな恵みを受ける一方、時には台風や地震・津波などの自然の猛威にさらされてきました。その結果、人々は自然への従順さを強いられ、自然と共存する道を探ってきました。同時に自然が育んだ日本人の感性の豊かさは、古代から現代にいたるまで多くの文化遺産を残し伝えてきました。

この名古屋でも太平洋戦争の空襲で多くの文化遺産を失ったとはいえ、それでも後世に伝え残したい文化遺産が数多くあります。今回の改訂では、写真のほとんどを撮り直し、すべてカラー写真で掲載いたしました。コースも「近代建築を探る」のテーマを一つ増やし、鍋屋上野浄水場から松重閘門までの水にゆかりのある建築物をめぐるコースを紹介させていただきました。取り上げました13のコースは、古代から現代までをさまざまな角度で見直していただき、こんな文化遺産が残っていたのだと感じていただけるものだと思います。

ただ、今回あらためてコースを歩いてみますと、たとえば東区主税町の武田五一設計の「春田文化住宅」が取り壊され結婚式場に変わっていたり、八事の興正寺参道に並んでいた地蔵や観音の祠が取り払われ、1カ所に集めて祀られていたりと景観が大きく変わってしまった場所もありました。芭蕉の「不易と流行」という言葉がこの場合適切かどうかわかりませんが、不易であってほしい歴史的・文化的景観を大切に保存して、後世に伝えることが求められていると思います。

それではぜひ、この本を片手にのんびりと名古屋のまちを地下鉄やバスを乗り継いで歩いてみてください。実物に接して素晴らしさをじかに味わう楽しみはもちろん、たとえそこに石碑や案内表示板しかなくても、想像力を働かせて歴史と文化をイメージすることも歴史散歩の醍醐味だと思います。

中山正秋

増補改訂 ドニチエコきっぷでめぐる
名古屋歴史散歩

目次

名古屋市と周辺交通路線図………2

はじめに………3

歴史の舞台をたどる前に―名古屋をとりまく地形・自然環境………8

01 近代建築を探る①……12
市役所―県庁―市政資料館―主税町カトリック教会―文化のみち百花百草―旧豊田家の門―加茂免―旧豊田佐助邸―故春田鉄次郎邸―文化のみち橦木館―文化のみち二葉館―金城学院榮光館／伊勢久株式会社―愛知県庁大津橋分室／三井住友銀行上前津支店／三井住友銀行名古屋支店―旧名古屋銀行本店／爲三郎記念館―揚輝荘

02 近代建築を探る②……21
鍋屋上野浄水場―天満緑道・水の小径―水の歴史資料館―東山給水塔―愛知学院大学楠本校舎―名古屋地方気象台本庁舎／旧稲葉地配水塔／名古屋第一赤十字病院―寿湯―素盞男神社―中村遊廓―旧稲本楼―旧一徳―旧新千寿―金時湯／岩井橋―日置橋―中川運河松重閘門

03 産業遺産をめぐる……28
トヨタ産業技術記念館―ノリタケの森／名古屋市科学館屋外展示―でんきの科学館／鶴舞公園噴水塔・奏楽堂／平和橋―津金文左衛門胤臣頌徳碑・尾張磁器発祥之地碑／奥田助七郎胸像―名古屋海洋博物館

04 堀川の歴史を歩く……34

納屋橋・加藤商会ビル／泥江県神社―伝馬橋―中橋―浅間社―四間道―那古野町屋根神様―円頓寺商店街―五条橋―美濃忠／朝日橋・堀川堀留の碑―大幸橋―辰之口水道大樋跡―巾下上水―好生館病院跡―筋違橋―堀端橋―下水道科学館／矢田川伏越―庄内用水元杁樋―黒川樋門―羊神社―御用水跡街園

05 名古屋の古代を探る……41

綿神社／断夫山古墳―白鳥古墳―熱田神宮・清雪門―高座結御子神社・高蔵遺跡／大曲輪貝塚・瑞穂古墳群（2号墳）―あゆちの水／名古屋市博物館／八幡山古墳／桜田八幡社―見晴台考古資料館

06 武将たちの足跡をめぐる①……48

守山城跡―尾張藩矢田河原砲場―長母寺／山田天満宮・山田重忠旧里の碑／志賀公園・平手政秀邸址／那古野城跡／末森城跡／下社城址・柴田勝家出生地

07 武将たちの足跡をめぐる②……54

荒子観音―荒子城跡／太閤生誕地・豊国神社―秀吉清正記念館―妙行寺／名古屋城能楽堂前加藤清正像―名古屋城内清正石・清正公石曳き像・天守閣北東側石垣「加藤肥後守内小代下総」の刻印／丹羽長秀邸跡／小林城跡―総見寺―万松寺／古渡城趾／熱田神宮信長塀・佐久間灯籠―徳川家康幽囚の地

[Column]

名古屋にもこんな滝がある………11
橦木館をつくった井元為三郎………33
江戸時代の町並み――名古屋城本丸天守閣内………40
都々逸発祥の地………53
二つの桶狭間古戦場跡………61
清須街道の道標――文化のみち二葉館………69
名古屋の山車まつり………77
尾張徳川家の御船奉行千賀氏………107

08 尾張徳川家ゆかりの地へ………62
名古屋東照宮・明倫堂趾―名古屋城本丸／徳川美術館・蓬左文庫―建中寺／高岳院―貞祖院／尾陽神社／興正寺

09 江戸の面影を求めて………70
旧兼松家長屋門・也有園／建中寺／主税町長屋門―朝日文左衛門宅址―文化のみち二葉館／川伊藤家・五条橋／旧志水家玄関車寄せ／栄国寺・切支丹遺蹟博物館／佐屋街道道標―住吉神社／熱田宿道標・ほうろく地蔵―裁断橋・姥堂

10 寺社めぐり………78
桃厳寺―千代保稲荷／日泰寺―鉈薬師／東充寺（へちま薬師）／八王子神社―久国寺―地蔵院―片山神社―長久寺／若宮八幡宮―大須観音―七寺／東別院／青大悲寺―熱田神宮・八百万神社・上知我麻神社・八剣宮

11 なごやの街道散策………86
〔佐屋街道〕八幡社―七所社／〔岩倉街道〕星神社―五所社―善光寺―東雲寺／〔美濃街道〕榎白山神社／〔本町通〕札の辻―本町通道標―本町橋／〔上街道〕清水口―稲置街道道標／〔下街道〕善光寺街道道標―熊野屋／大曽根道標／〔東海道〕熱田宿道標―七里の渡し／〔鎌倉街道・東海道〕白毫寺―富部神社／〔塩付街道〕石仏白山社―善昌寺／〔飯田街道〕川原神社

12 ◉ なごやの名園……95
徳川園／名古屋城二の丸庭園・三の丸庭園／揚輝荘―いち倫―爲三郎記念館／下茶屋公園／鶴舞公園／昭和美術館／東山荘／白鳥庭園

13 ◉ 戦争遺跡を訪ねる……101
名古屋城二の丸 歩兵第六連隊碑―名古屋城内 乃木倉庫―二の丸 第三師団司令部の煉瓦塀―桜華会館 平和記念館―市役所 騎兵第三連隊碑―市政資料館／戦争と平和の資料館「ピースあいち」／平和堂―徳川宗春墓―陸軍墓地／昭和塾堂―日清戦争第一軍戦死者記念碑／千種公園陸軍兵器廠跡―日独友好の碑

おわりに……108

参考文献……109

史跡位置図……110

【名古屋の観光情報を仕入れておこう】

地下鉄主要駅周辺の地図やアクセス情報などが載っている「愛知のりかえ便利帳Access」は、まち歩きの強い味方です。しかも無料。名古屋市交通局、名古屋観光コンベンションビューロー、愛知県観光協会、名古屋国際センターなどで入手できます。

また、名古屋観光コンベンションビューローのホームページhttp://www.ncvb.or.jp/には、お得な観光案内が満載です。訪ねてみたいポイントを組み入れて、本書のコースをアレンジしてみるのもオススメです。本文の各史跡の見出しの下に、最寄りの地下鉄駅・バス停が書いてあります。本文中の▼地図1―16は、巻末の地図番号を示しています。

歴史の舞台をたどる前に

——名古屋をとりまく地形・自然環境

名古屋は望岳都

濃尾平野に位置する名古屋は、西は鈴鹿、養老、北から東にかけて美濃、三河の山々に囲まれ、天気のよい日には御在所岳、伊吹山、能郷白山、白山、御嶽山、中央アルプス、恵那山、三国山、猿投山などを望むことができる。

名古屋市役所交差点付近から見た白山

葛飾北斎「尾州不二見原」

東海道が制定された江戸期には、もっと遠くの山々が見えたにちがいない。遥かに伊勢や熊野方面の山も見えたはずだ。『尾張名所図《ず》会《え》』にも、枇杷島橋から四周の山々の眺望の情景が記されている。今でも、庄内川や天白川の鉄橋や堤防などの高台から、古来、信仰の対象として崇められてきた白山や御嶽山などを見ることができる。伊勢湾を航行する船にとっても、こうした遠くから目印になる山は、航海の目標となる大切な山でもあった。名古屋城や名古屋テレビ塔、JRセントラルタワーズなどから周りの山々を展望すると、名古屋が望岳都市であることが実感できる。

葛飾北斎の富《ふ》嶽《がく》三十六景に、「尾《び》州《しゅう》不《ふ》二《じ》見《み》原《はら》」という絵がある。江戸期に不二見原付近は歓楽地として賑わっていた時期もあった。丸い木桶の中に小さく富士を描いた大胆な構図は桶屋富士とよばれ、大須近くの富士見町あたりで描いたものと思われる。

そのほかに市内には千種区富士見台、昭和区八事富士見などがある。市内東部に富士に関係した地名が多い。都市化が進む以前には、高台から遥か東に富士山のような山容の山がよく見えたはずだ。気象台の調査や方位、コンピューター解析では、残念ながら富士山は名古屋市内からは見えないという結論に達している。富士山と思われた均整のとれた山は、南アルプスの聖《ひじり》岳《だけ》（３０３０ｍ）だろう。北斎の絵の富士山をよく見ると聖岳のようにも見え、当時の人々は富士山と思ったのだろう。今では、よほど天気のよい空の澄んだ日でないと南アルプス方面の山々は姿を見せない。

名古屋市中区のビルから見た御嶽山。左は乗鞍岳
（名古屋都市センターから望む）

台地を中心に形成

さて、歴史散策の前に名古屋市の地質図から地形を読み取り、町のおおよそのなりたちをとらえておこう。名古屋の西部から北部は濃尾平野の沖積低地で、庄内川や矢田川が流れている。

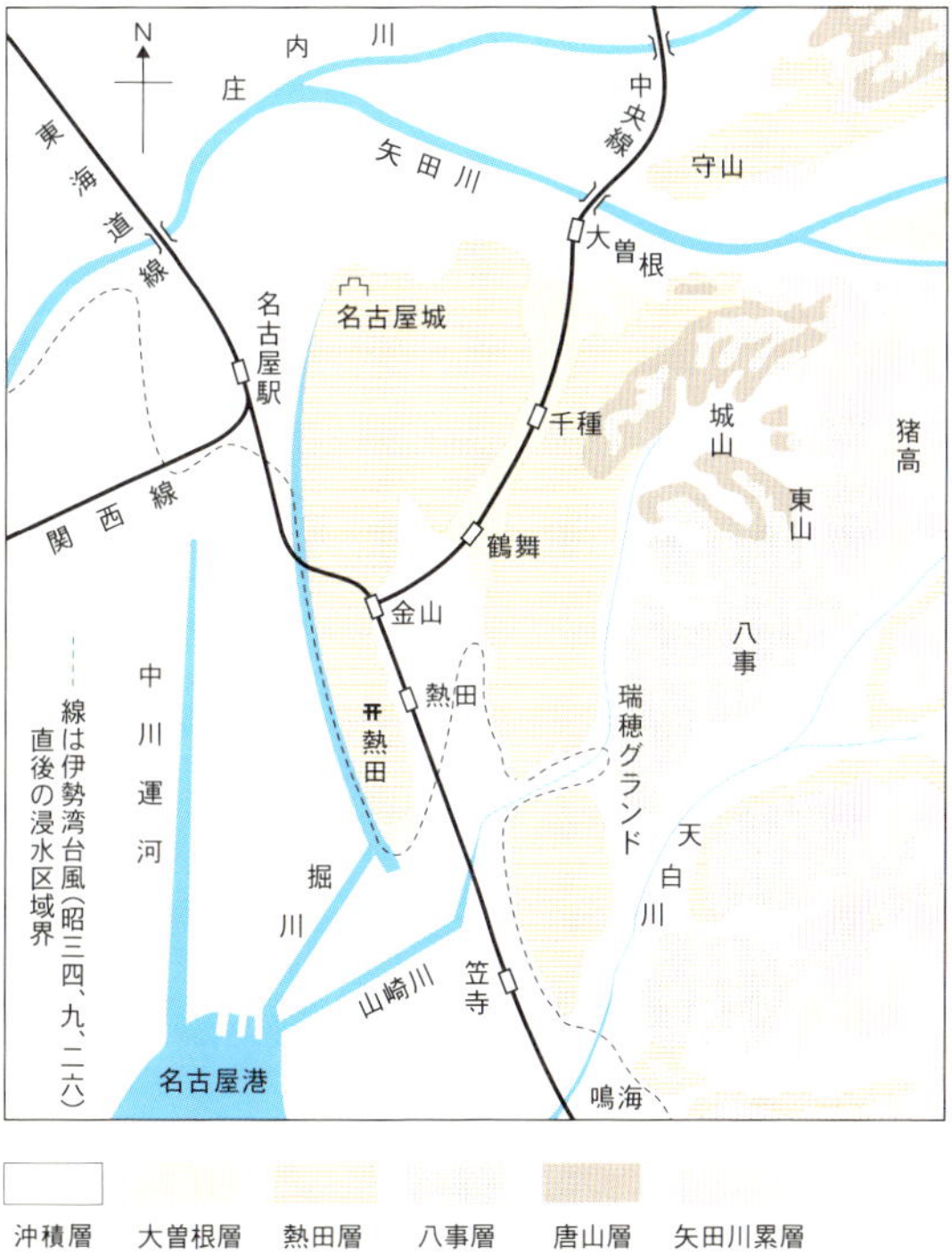

名古屋市主部の地質図（井波一雄ほか『名古屋の自然』六月社、29ページの図をもとに作図）

これらの河川は上流から土砂が流れ堆積し、川床が高くなる天井川になりやすく、治水事業が行われてきた。

名古屋という地名の由来は諸説あるが、那古野という地名が平安時代の末期頃に現れ、中世には那古野の荘園が成立している。名古屋城ができる以前は、西部には広大な低地が広がり、小河川が流れていたものと思われる。名古屋城は熱田層と呼ばれる台地の北西端に築かれ、熱田神宮は熱田層の南部に位置している。熱田や瑞穂付近の台地には古代遺跡が多い。

左図のように、名古屋城から熱田にかけての台地が象の鼻のような形状に見える。名古屋の城下町はこの台地を中心に発展してきた。台地の西端に沿って人工河川の堀川が流れている。

伊勢湾に面した南部は、近世以降大規模な干拓が進められてきた。東部は唐山層、八事層などからなる東山の丘陵地帯となり、礫が目立つ。東山一帯は丘陵地のため坂道が多い。八事付近は八事山、音聞山《おときき》などの景勝地でもあり、飯田街道はここで山越えの急坂となった。東部丘陵には都市部の貴重な森が残されている。

東部丘陵から瀬戸、猿投山にかけては良質な陶土を産出する地域である。古代から焼き物の生産が行われてきた。南東部は山崎川や天白川が台地や丘陵を浸食して低地をつくっている。瀬戸、守山方面からの丘陵は知多半島方面へ緩やかに続いている。森林公園はかつて御料林で、丘陵の保全のため植林が進められた。

古代よりいくつかの東西交通路もこの丘陵地帯を越えなければならなかった。桶狭間はその丘陵地の狭間にあたり、現在も名鉄本線と国道1号がその狭隘部を通過している。南部は伊勢湾に面し、温暖な気候に恵まれ、古代より漁労が営まれてきた。地形的には山崎川を挟んだ瑞穂と笠寺の台地の間に呼続《よびつぎ》の浜と呼ばれる遠浅の浜が広がり、中世の頃よりこの付近で塩が生産されていた。東南方向には鳴海潟と呼ばれる景勝の地が続き、『東関紀行』には、「ふるさとは日をへて遠くなるみ潟いそぐ塩干の道ぞすくなき」という歌も詠まれている。江戸時代には干拓により新田開発が進められ、現在の臨海部へと発展してきた。下之一色や熱田などには漁港があった。

名古屋を通る川

周囲の山地や丘陵を源とする河川が名古屋周辺を貫流し、古代より生活の場を築いてきた。現在、名古屋市の水は木曽川から取水されている。長野県木祖村の鉢盛山付近を源とする木曽川は、名古屋市民の生活や企業活動を支える水の供給源だ。江戸時代、尾張藩は木曽の山林の保護育成に努めた。

名古屋市の北部から西部へと流れる庄内川は上流では土岐川となり、その源は恵那市の夕立山になる。中流には古虎渓の景勝地があり、支流の定光寺川流域には豊かな自然が残っている。定光寺には尾張徳川家初代藩主・徳川義直の廟所がある。流域の守山区にある東谷山《とうごくさん》は標高が198mで、名古屋市内で一番高い山である。少し下流の竜泉寺付近から、眼下に庄内川の流れを見下ろすことができる。

守山区と北区の境の水分橋近くに庄内用水元杁樋《もといりひ》がある。明治43年に農業用水取水のためにつくられた。南の矢田川伏越樋《ふせこしひ》は庄内川の水を堀川（黒川）へ通すために矢田川の川底に設置された。当時は周辺に水運が発達し、犬山方面から木津《こっつ》用水、新古津用水などを利用して船が往来していた。矢田川と合流した庄内川は名古屋市西部を南流し、伊勢湾に注ぐ。下流部は低地帯で河川の流路も幾度か変遷し、濃尾平野の沖積地を形成してきた。流域の洗堰《あらいぜき》緑地や庄内緑地など、治水のための堰や遊水池が緑地公園として整備されている。

庄内川、新川や日光川が注ぐ伊勢湾奥の河口部は藤前干潟となっている。新川に流れ込む五条川の源は犬山市の八曽山方面で、江戸期につくられた入鹿池がある。庄内川支流の矢田川の源は瀬戸市の猿投山から三国山麓付近。矢田川の支流で名東区の住宅地を流れる香流川の源は愛・地球博記念公園南の丘陵地、天白川の源は同じ丘陵の三ケ峯《さがみね》付近になる。（川辺泰正）

Column 名古屋にもこんな滝がある

【城土公園 白沢の滝】守山区吉根辺りを水源とし、小幡緑地の緑ケ池などを経て庄内川に流れる白沢川は、明和５年（1768）に竜泉寺丘陵を掘削し、庄内川に流路を付け替えたもの。掘削した辺りは白沢谷とか白沢渓谷と言われ、現在は城土公園（守山区城土町）となっている。ここには、白沢川の段差に自然石を組み上げてつくられた白沢の滝がある。滝の上には市内唯一の吊り橋が懸けられ、滝下や吊り橋から眺める景色は、白沢渓谷の面影を偲ばせている。吊り橋から見下ろす滝は見応え十分だ。滝は人工だが、自然の流れを利用した滝は市内ではここだけだろう。ただし、水量の少ないときは寂しい限りの滝となってしまうのが残念。

【徳川園の滝】明治23年（1890）から造営された尾張徳川家大曽根邸（現徳川園）築山のひとつに恵那石を組んで、大曽根の大滝がつくられた。迫力のある滝の水は渓流となって山裾を巡り、峡谷に渡された橋の下を流れて泉水に注ぎ込む。築山には大樹が茂り、渓流沿いは深山の景になっている。野鳥のさえずりも聞こえて、都会の喧騒を忘れさせてくれる。

龍門の滝（4m）は、尾張徳川家の江戸御下屋敷戸山山荘（現在は東京都新宿区戸山公園）の庭園につくられた龍門の滝からの命名されたもので、庭園跡（馬場下町）の早稲田大学校内の発掘で出土した、滝下の渓流「鳴鳳渓」の遺構石などの寄贈を受けて復興された。

【白鳥庭園の滝】白鳥庭園（熱田区熱田西町）の築山は木曽の御嶽、滝と渓流は木曽川の源流、泉水を伊勢湾に見立て、滝は岩肌を流れて渓流に、渓流は峡谷をつくりだし、流れは庭園の泉水に注ぎ込む。自然石を配置して小滝を複数設けた渓流や峡谷は、自然の景観をよくつくりだしていて、「渓流釣りでも」と思う雰囲気もある。泉水には百合鴎《ゆりかもめ》が飛来する。

【東山植物園の滝】東山植物園（千種区田代町）内の日本庭園は、自然豊かな東山丘陵を借景とし、山の中腹から清水のように流れ出す滝は人工的につくられたものだが、まるで天然の滝のように違和感なく観ることができる。滝は流れとなって庭園の泉水に注いでいる。

【鶴舞公園 酒匂《さこう》の滝】竜ケ池（千種区鶴舞1）にビール工場の冷却水を流してつくられた。

【熱田神宮の小滝】神宮西門の休憩所前の「南神池」には、小滝がつくられ水を落としている。

【相応寺の不動の滝】相応寺（千種区城山町）の境内には崖を利用して不動の滝がつくられている。（伊藤喜雄）

白沢の滝

01 近代建築を探る①

昭和20年の戦災で、名古屋城をはじめ多くの文化遺産を失った名古屋。それでも東区の文化のみち地区をはじめ貴重な建築遺産が残っている。

名古屋市役所

通常料金でめぐると…1,050円
エコキップで行けば…450円お得!

●コース

地下鉄 栄▶市役所
市役所▶県庁▶市政資料館▶主税町カトリック教会▶文化のみち百花百草▶旧豊田家の門▶加茂免▶旧豊田佐助邸▶故春田鉄次郎邸▶文化のみち橦木館▶文化のみち二葉館▶金城学院榮光館

バス 白壁▶大津通
伊勢久株式会社▶愛知県庁大津橋分室

地下鉄 久屋大通▶上前津
三井住友銀行上前津支店

地下鉄 上前津▶伏見
三井住友銀行名古屋支店▶旧名古屋銀行本店

地下鉄 栄▶池下
爲三郎記念館▶揚輝荘

地下鉄 覚王山

*注＝名古屋都市景観重要建築物‥‥(名・重建)
名古屋市認定地域建造物資産‥‥(名・認定)
国登録文化財‥‥‥‥‥(国・登録)
国重要文化財‥‥‥‥‥(国・重文)

名古屋市役所・愛知県庁

市役所▼地図②

出発点は、名古屋市役所と愛知県庁だ。ともに帝冠様式という昭和初期の国威発揚をねらった特徴のある建物である(両方とも国・登録)。

市役所は昭和8年(1933)に建てられた。市役所の塔中央の側面には時計がはめ込まれ、屋根には四方睨みの鯱が載せられている。この機会にじっくり観察してみよう。土日は閉庁しているので内部を見学することはできないが、市役所西側の正面入口を入ると、国会議事堂に使われた山口県小桜産の大理石でつくられた玄関ホールや階段など重厚な雰囲気を味わうことができる。

県庁は、市役所竣工から5年後の昭和13年に建設された。市役所庁舎よりいっそう城郭的色彩が濃い建物である。2階の窓下まで花崗岩貼り、6階の窓下までは黄褐色のタイル、6階の壁面は白色の磁器タイルを用いている。

名古屋市市政資料館

市役所▼地図①

市役所の北側を大通りに沿って東に行くと、東大手の外堀にいたる。外堀の石垣の石積みを子細に観察すると、さまざまな刻印石が残されていて見飽きない。堀に架かる清水橋も情緒がある。正面には名古屋拘置所の高層ビルが聳え立つ。

拘置所に沿って南へ行くと赤煉瓦と白い花崗岩、緑の銅板、スレートの黒を組み合わせた荘重で華やかなネオ・バロック様式の建物が目に入ってくる。旧名古屋控訴院である（国・重文）。現在は名古屋市市政資料館として、名古屋市の公文書の公開、市政資料・司法関係資料の展示や法廷が再現されており、一般公開されている。

竣工は大正11年(1922)。昭和54年（1979）まで中部地方の司法の中心として役割を果たしてきた。車寄せから入口に入ると、階段正面に公正な裁判を象徴する秤を描いたステンドグラスが目に飛び込んでくる。上を見上げると塔のドームにもステンドグラスがはめ込まれていて美しい。

周囲は名城公園の分園となっている。3月中旬頃から大寒桜《おおかんざくら》が咲き始め、4月下旬の八重桜まで花を愛でることができる。館内に喫茶室もあるので、ここで休憩することができる。あるいは、道路をはさんだ南側にある「ウィルあいち」の地下の「レストランウィル」には多彩なメニューがそろっている（ウィルあいちの休館日は休み）。「ウィルあいち」の東側には、古民家を再生利用したイタリア創作料理の店「アンティキ」もある。ゆっくりとレトロな雰囲気の中でおいしい料理を味わうのも一興である（月曜休）。

愛知県庁

名古屋市市政資料館

百花百草

主税町カトリック教会

旧豊田家の門

主税町カトリック教会

市役所▼地図①

主税《ちから》町筋を東に向かい、国道41号線と交差する信号の東南角に主税町カトリック教会がある。名古屋市の保存樹になっている巨大なケヤキと教会聖堂の三角形の屋根のコントラストが見事である。教会の聖堂は一般に開放されているので南側の入口から自由に入ることができる。

フランス人宣教師デュルパン神父によってこの地に最初に教会堂が建てられたのは明治20年（1887）のことだ。もちろん名古屋で最も古いキリスト教の教会である。現在の聖堂の原形は、明治37年にできあがった。南側に建つ司祭館も古い建物で趣がある。昭和5年（1930）に完成している。さらに敷地の東南角にルルドの洞窟があるのでマリア像も礼拝しよう（この洞窟は明治42年に富士山の溶岩を使ってつくられたそうだ）。（名・重建）

文化のみち百花百草

市役所▼地図①

主税町教会から国道41号線に沿って北に向かい、白壁筋を歩いてみよう。白壁町といいながら、黒い板塀の続く落ち着いた江戸時代の武家屋敷をイメージさせる通りである。実際にはこの地区には主税町長屋門以外には江戸時代の建物は残っていない。

さて、白壁筋を歩いていくと、通りの南側に文化のみち百花百草という有料の庭園施設がある。江戸時代後期の名古屋の画家で田中訥言《とつげん》が描いた百花百草図屏風（国・重文、徳川美術館蔵）にちなんだもの。庭園を現代的にアレンジし、さまざまな花で飾り、見る人に心の安らぎを与えたいというコンセプトで開園された施設である。休憩室には、コーヒー・紅茶・日本茶の出る設備が備えられており、自由に飲むことができる。ピアノの演奏も随時行われ、のんびり休憩するにはピッタリの場所である（水・木・金・土曜公開、入館料500円）。

旧豊田家の門

市役所▼地図①

文化のみち百花百草を後にして東に向かうと、北側に長い黒板塀が続く。その先に江戸時代

料亭加茂免

旧豊田佐助邸

の武家屋敷門である薬医門を大正時代に再現した旧豊田家の門が見えてくる。豊田佐吉の娘婿利三郎の屋敷跡である。大正7年（1918）頃につくられた。現在は塀と門だけを残して、敷地はマンション形式の社宅となっている。昭和の初めには、この豊田邸の南にソニー創設者盛田昭夫も住んでいた。（名・重建）

料亭加茂免

市役所▼地図①

さらに東に行くと鳥屋筋と交差する西南角に料亭加茂免がある。名の知れた高級料亭だ。明治44年（1911）に建てられた洋紙商中井巳次郎《みじろう》の旧邸である。戦前戦中は皇族の居所としても利用されていた。洋風の応接室と和風の住居からなる。

一度ぐらいは奮発して、料理とともに屋敷や庭園の素晴らしさを味わうのもいいかもしれない。同じように格式の高い老舗の料亭に、主税町教会から東に入った北側にある香楽《こうらく》もある。

故春田鉄次郎邸

旧豊田佐助邸

市役所▼地図①

鳥屋筋を一筋南に下り主税町の筋を西に向かうと、通りの北側に瀟洒な洋館が見える。旧豊田佐助邸である。豊田佐助は、発明王として有名な豊田佐吉の弟で、佐吉を支えた。佐助邸は、大正12年（大正4年の説もある）に建てられた白いタイル貼りの洋館と広い間取りの和館で構成されている。現在は、アイシン精機の所有であるが、名古屋市が借用して一般公開している。火・木・土曜日には、「東区文化のみちガイドボランティアの会」による建物ガイドが行われている（月曜休）。

故春田鉄次郎邸

市役所▼地図①

佐助邸の西隣が故春田鉄次郎邸である。大正13年（1924）に建てられた春田邸は、京都帝大

文化のみち橦木館

文化のみち二葉館(旧川上貞奴邸)

教授となる武田五一の設計であるといわれ、洋館と中庭をはさんで奥にある和館で構成されている。公益財団法人名古屋まちづくり公社が借用し、一部一般公開している。見学は、豊田佐助邸の係員に申し出れば見学できる。1階部分は、フランス料理店のデュボネが借り受け営業している。レトロな洋館でランチをいただくのもよい(月曜休)。

春田邸の西隣には、著名な建築家の武田五一が設計した春田文化集合住宅があったが取り壊され、平成25年に和洋折衷の豪華な建築で目を引く百花籠という結婚式場になった。

文化のみち橦木館

市役所▼地図①

主税町の筋を東に戻り、鳥屋筋を南に向かうと明治の終わり頃に建てられたという2階建ての長屋がある。真ん中部分が取り壊されて駐車場になっているが、残された長屋の北側には屋根神様の祠がある(現在、神様はまつられてはいない)。

町の筋を西に向かう。南の一角は山吹谷公園である。江戸時代には、山吹の名所として知られ、『尾張名所図会』にも描かれている。春には、山吹や蘇芳、芍薬などの花が咲き誇る。その隣にあるのが古い歴史をもつ山吹小学校。

小学校の西北角の前に文化のみち橦木館がある。名古屋市の指定文化財であり、平成19年(2007)に名古屋市が取得し、一般公開されるようになった。洋館と和館、茶室と蔵で構成される端正で落ち着いた建築物であり、庭園も美しく季節によって色とりどりの草花や紅葉を楽しむことができる。陶磁器貿易同業組合長として活躍した井元為三郎の旧邸で、大正15年(1926)に和館、翌昭和2年に洋館が建てられた。現在、指定管理者として特定非営利活動法人橦木倶楽部が、管理・運営している。また洋館1階食堂跡で橦木館カフェが営業しており、おいしいコーヒーを飲むことができる（月曜休、入館料200円）。カフェのみの利用は、入館料不要。

文化のみち二葉館

市役所▼地図①

文化のみち橦木館から橦木町筋を東に向かうと文化のみち二葉館（旧川上貞奴《さだやっこ》邸）がある。オレンジ色の屋根瓦や窓にはめ込まれたステンドグラスが美しい。大正時代に、日本の女優第1号といわれた川上貞奴が居住していた和洋折衷の貴重な建物を、創建当時の姿に移築復元したものだ。もともとは、清水口の北東の東二葉町にあった。館内には、川上貞奴や福沢桃介《ももすけ》に関する資料や、城山三郎をはじめとする郷土ゆかりの文学資料を展示している（月曜休、入館料200円）。

二葉館の北隣に「花ごよみ」という洒落た喫茶店がある。メニューも豊富で食事も本格的な品揃えがしてある。通りをはさんで斜め北の「太閤本店」が経営している。「太閤本店」も古民家を再生利用した食事処で、リーズナブルな価格でランチなどを提供している。

金城学院榮光館

市役所▼地図①

「太閤本店」の前を北上すると、金城学院高校の横に出る。長塀町の通りを西に行くと高校の正門前に出る。その講堂である榮光館は、昭和11年（1936）に竣工した。スペイン瓦に清楚な白壁が美しい。アメリカ合衆国の信者たちの寄付によって建てられた太平洋戦争前の日米友好の証である。（名・重建）

正門を出て西を見ると道路に大きな樹木が張り出している。白竜神が宿るという椋《むく》の木で、保存運動の結果残された貴重な樹木である。東片端の交差点の西にも巨大な楠が道路の真ん中に残されている。これも一見の価値がある。

金城学院高校の道路をはさんだ東隣のパスコ（敷島製パン）の前から東に少し行ったところに、西方向に行く基幹バスの白壁のバス停がある。ここから県庁前までバスに乗る。

なお、東の赤塚まで歩き、少し南に行くと三菱東京UFJ貨幣資料館がある（月曜・祝日休）。さらに国道19号線の東側を南に行き、東に入ったところに昭和7年竣工の名古屋陶磁器会館がある。（名・重建、国・登録）

金城学院榮光館

伊勢久株式会社 愛知県庁大津橋分室

市役所▼地図①

大津通のバス停から北に戻り、信号を渡った先に古めかしいタイル貼りの建物が並んでいる。手前が伊勢久株式会社、北側が愛知県庁大津橋分室である。

昭和3年（1928）名古屋市役所が新築されることが決まり、大津橋が架けられた。大津橋通

愛知県庁大津橋分室

伊勢久株式会社

が整備される中で、昭和５年に建設されたのが伊勢久商店である。

伊勢久株式会社の前身伊勢久商店は、創業宝暦８年（1758）の薬種問屋である。新社屋は、この時期流行したアメリカ風スパニッシュ様式を採用した先進的で自由なデザインの建築である。表面に色タイルを貼った商店建築の先駆的存在である。階の窓回りは八角形、３階はアーチで飾られ、また正面の２・３階を螺旋状の装飾が入った細い列柱と大梁のテラコッタが印象的である。

北隣に建つ愛知県庁大津橋分室は、昭和８年に愛知県信用組合連合会の事務所棟として建築された。戦後は農林会館として使用され、昭和32年（1957）に愛知県に移管された。角に建つ塔状の階段室が特徴的で、ゴシック風付け柱が高さを強調している。また、対称性を崩すことで建物を動的に見せている。丸窓、バルコニー装飾、丸みのある正面入口、彫りの深い庇など幾何学的構成になっており、表現派風のデザインが施されている。なお、愛知県と名古屋市は共同で、平成27年度をめどに愛知県庁大津橋分室に戦争資料館を開設する予定である。

三井住友銀行上前津支店

上前津▼地図③

地下鉄久屋大通駅まで歩き、地下鉄上前津駅で降りて８番出口を出ると、目の前に三井住友銀行上前津支店がある。昭和６年（1931）に竣工。設計は、ニューヨーク・マンハッタンのトロブリッジ＆リビングストン建築事務所が行い、施工は竹中工務店が請け負った。外部にはイオニア式半円柱が用いられ、重厚な壁面を構成している。東と南に出入り口を設け、その出入り口のある面を同じ形に仕上げている。いわば中央に折り目が入った線対称形である。

土日には見ることができないが、内部に一歩足を踏み入れると昭和初期の時代にタイムスリップしたのではないかと見間違う光景だ。何本ものコリント式の多角柱に支えられ、ドーム状の天井が贅沢に広がる空間構

三井住友銀行上前津支店

旧名古屋銀行本店

三井住友銀行名古屋支店

成が素晴らしい。

三井住友銀行名古屋支店

伏見▼地図②

鶴舞線で地下鉄伏見駅に向かい、4番出口を出ると日土地ビルの前に出る。東に向かって歩くと道路をはさんだ北側に三井住友銀行名古屋支店が見えてくる。昭和10年（1935）竣工。設計は曾禰・中條事務所である。

建築意匠は、フランスのボザールで学んだアメリカ建築家たちが用いた古代ギリシヤ復興式（新古典主義）が採用された。イオニア式の6本の柱と3層の水平な構成が、ほどよいプロポーションをつくりあげ、格子の入った窓も繊細な印象を与える。仕上げには花崗岩を使用。ヤギの角のような渦巻き状カーブの柱頭をもつ溝付き円柱は、堂々とした存在感を示している。（名・重建）

旧名古屋銀行本店

伏見▼地図②

三井住友銀行名古屋支店からさらに東に行くと旧名古屋銀行本店がある。旧名古屋銀行本店として昭和元年（1926）に竣工。建物は、外壁を石張りとし、4階分の巨大な6本のコリント式の列柱が特徴となっている。設計は、鈴木禎次《ていじ》（夏目漱石の義弟）、施工は竹中工務店であった。赤塚に移転する前は、ここに三菱東京ＵＦＪ銀行貨幣資料館があった。現在は、三菱地所が保有している。（名・重建）

爲三郎記念館

池下▼地図⑦

地下鉄池下駅1番出口を出て東に歩いていくと道路の北側に古川美術館が見えてくる。美術館の手前を南に曲がり上り坂になる入口のところに爲三郎《ためさぶろう》記念館がある（古川美術館の展覧会期間中は常時公開、古川美術館との共通券１０００円）。巨億の富を築いた実業家古川爲三郎は、平成5年（1993）１０３歳でその生涯を閉じた。

爲三郎の遺志に基づいて、晩年の爲三郎の住居を一般公開したものが爲三郎記念館だ。急勾配の斜面に建てられた数寄屋造りの母屋「爲春亭《いしゅんてい》」と、椎の大木が茂り、四季折々の美しさを見せる日本庭園、そしてその中

爲三郎記念館

にひっそりとたたずむ茶室知足《ちそく》庵《あん》から成り立っている。非常にシンプルで上品なたたずまいだ。また、爲三郎の収集した美術品は、古川美術館に収蔵されている。

揚輝荘

覚王山▼地図⑦

古川美術館の前の道を東にまっすぐ歩いていく。坂を登り切ると日泰寺の参道に出る。参道を横切り、さらにまっすぐ進み突き当たりを右折し、最初の交差点を左折すると揚輝《ようき》荘《そう》南園の入口に出る。

揚輝荘は、松坂屋百貨店の創始者で伊藤家第15代伊藤次郎左衛門祐民《すけたみ》氏がつくった別荘である。日泰寺（当時は日暹《せん》寺）の参道の東の景勝地を選び、姫池通までの1万坪の土地に、大正7年（1918）頃から三十数棟の建物と庭園をつくった。

皇族・政・官・財・軍の要人との社交場として利用され、全国の多くの著名人がこの別荘を訪れたという。のちには、祐民の住居として日常生活の場にもなり、アジアの留学生の寄宿舎としても使われることになる。

太平洋戦争末期に戦災にあい、敷地も3分の1ほどになったが、現在も、鈴木禎次の設計により、尾張徳川家ゆかりの座敷に洋室などを加えて建設した伴華楼《ばんがろう》、白雲橋と名づけられた屋根付の橋を配した池泉《ちせん》回遊式の北庭園、木造三階建ての山荘聴松閣《ちょうしょうかく》、二葉御殿に移る前に川上貞奴が一時居住したといわれる建物を移築した座敷などが残っている。

聴松閣は、延床面積約800㎡。鉄筋コンクリート造りで地下1階、木造地上3階の建物であり、玄関の床は丸太の木口を敷き詰め、扉はケヤキの一枚板、階段や窓枠などにはクリ材などが用いられ、釿《ちょうな》目削りで仕上げられている。

地下には、ビルマ（ミャンマー）、インド様式を取り入れた舞踏室があり、広間の壁画には、インドなどの留学生により壁画が描かれている。1階には、食堂、ホール等、2階には寝室、応接間、更衣室など、3階には和室が配置されていた。

南園の聴松閣は有料施設で入館料300円。1階食堂跡を利用してべんがら亭という喫茶室が営業している。北園の伴華楼、庭園の見学は無料である。現在、特定非営利活動法人揚輝荘の会が指定管理者として管理・運営している（月曜休）。

揚輝荘（聴松閣）

聴松閣地下の壁画

02 近代建築を探る②

住宅やビル建築以外にも大正・昭和初期のレトロ建築が意外に残っている。堀川の橋脚、運河施設など水に関連した構築物や、中村遊廓の建物群などをめぐってみよう。

通常料金でめぐると…1,430円

エコキップで行けば…**830円お得！**

●コース

地下鉄 栄▶砂田橋

鍋屋上野浄水場▶天満緑道・水の小径▶水の歴史資料館▶東山給水塔▶愛知学院大学楠本校舎▶名古屋地方気象台本庁舎

地下鉄 本山▶中村公園

バス 中村公園西▶稲葉地公園

旧稲葉地配水塔

バス 稲葉地公園▶中村公園東

地下鉄 中村公園▶中村日赤

名古屋第一赤十字病院▶寿湯▶素盞男神社▶中村遊廓▶旧稲本楼▶旧一徳▶旧新千寿▶金時湯

地下鉄 中村市役所▶国際センター

バス 国際センター▶水主町

岩井橋▶日置橋▶中川運河松重閘門

バス 日置橋

愛知学院大学楠本校舎

＊注＝名古屋都市景観重要建築物….（名・重建）
名古屋市認定地域建造物資産…（名・認定）
国登録文化財……….（国・登録）

鍋屋上野浄水場

砂田橋▼地図⑤

地下鉄砂田橋1番出口から歩道橋を渡り交差点の東南角、砂田橋ショッピングセンターの前に出る。そこから南に向かうと東側に、大正2年（1913）に名古屋市で最初につくられた鍋屋上野浄水場が見えてくる。正門前を通り過ぎて谷口の交差点まで行き左折すると、水道公園「水の丘」がある。ここから沈殿池や赤煉瓦の第1・第2ポンプ所などの浄水場施設を一望できる。

英国製のレンガでつくられた第1ポンプ所は、大正3年(1914)の竣工。平成4年(1992)まで稼働を続け、現在は浄水場のシンボルとして修復・保存されている（名・重建）。また第2ポンプ所は、昭和9年（1934）の竣工（名・認定）。

水の小径

鍋屋上野浄水場第1ポンプ所

天満緑道・水の小径

砂田橋▼地図⑤

浄水場は、毎年6月の水道週間には市民に開放されており、ポンプ所も公開されている。「水の丘」から浄水場を眺めながら東に少し行き、茶屋ヶ坂歩道橋を渡ると天満緑道・水の小径が南に向かって延びている。この「水の小径」は、名古屋市水道通水70周年記念事業としてつくられたものであり、入口の「水源地広場」から南の「浄水場広場」まで人工の川が流れ、遊歩道が続いている。「水源地広場」には、浄水場で使用された巨大なY字管や仕切弁も野外オブジェのように展示されている。「浄水場広場」から少し南に行くと、東側に天満緑道の名の由来である上野天満宮がある。伝承では、平安時代中期、この地で不遇の境涯にあった陰陽師の安倍晴明が、菅原道真公を祀ったのが始まりという。この地の西北には「清明山」があり、「晴明神社」もあるのでおもしろい。

東山給水塔

水の歴史資料館

砂田橋▼地図⑦

天満緑道から天満通へ出てすぐ左に平成26年9月「水の歴史資料館」が開館した。尾張藩時代から現代の水道事業までの歴史と役割や防災について学ぶことができる。(月曜休、入場無料)

東山給水塔

砂田橋▼地図⑦

「水の歴史資料館」から坂道を登り東山配水場の北に出ると、道路の西側に給水塔の姿が見えてくる。かつては「東山配水塔」と呼ばれていた名古屋最古の給水塔である。昭和5年(1930)に完成し、鍋屋上野浄水場から送られた水を塔上の貯水槽までポンプでいったん押し上げ、自然流下による圧力を利用して覚王山地区の高台に配水していた。高さは37・85m。昭和48年まで配水塔として使われてきたが、昭和55年から災害時用の応急給水施設となった。ここには常時300㎥の水が蓄えられている。建設時の塔頂部は平らであったが、昭和58年の改修時に尖塔状の屋根が付けられた。普段は非公開だが、毎年春分の日と8月1日の水の日には一般公開され、塔の中に入ることもできる(名・重建)。

　姫ヶ池通(天満通)東側の東山配水場の南には、巨大な銅製砲弾型をした日清戦役第一軍戦死者記念碑があり、その南には

旧稲葉地配水塔（現名古屋市演劇練習館）

名古屋地方気象台本庁舎

日泰寺霊堂、東には釈迦の真骨を祀った日泰寺奉安塔がある（本書79ページ参照）。

愛知学院楠本校舎

本山▼地図⑦

姫ヶ池通1丁目の信号を南に進み、2つ目の道（信号あり）を左折する。閑静な住宅街を道なりに真っ直ぐ進み、人しか通れない下り坂を降りて通りに出たら右折。南に向かうと愛知学院大学楠元学舎の建物が見えてくる。校舎敷地に沿って南の端まで行き、左折すると正門だ。

正門の向かいに建つのが昭和3年（1928）竣工の愛知学院大学楠元学舎第1号館で、旧制愛知中学本館として建てられた。鉄筋コンクリート造2階建。中央部は玄関ポーチを設け、壁を立ち上げ正面性を強調し、左右に翼屋を伸ばしている。外壁は茶褐色のスクラッチタイル貼り。1・2階を通した柱形や柱形頂部の庇状の装飾などに時代の特徴があらわれている（国・登録）。

名古屋地方気象台本庁舎

本山▼地図⑦

愛知学院大学の正門から東に向かい、校舎東端の変則的な五叉路を斜めの北東方向へ行く。少し行くと変則的な交差点を東に向かい、坂道を上っていくとマンションに挟まれた北へ向かう道があるので左折する。一本目のT字路を東に向かうと南側に名古屋地方気象台の白い塔とドームのある建物が見えてくる。

名古屋地方気象台本庁舎の竣工は、大正11年（1922）。構造は観測塔を中心とした平屋建の鉄筋コンクリート造ではあるが、今でも現役活躍中の観測塔は、最上部への階段と床だけが木造となっている。住宅街の中に溶け込みながらも、レトロ感がにじみ出る大正建築の気象台は、全国的にも希少な存在である。

旧稲葉地配水塔

中村公園西▼地図⑮

地下鉄中村公園駅2番出口を出て、市バス中村公園西停留所で市バスに乗車。稲葉地公園下車、バス停からすぐ西の信号の所から南に稲葉地公園が見え、その中心に堂々としたギリシャ神殿のような建物が鎮座している。昭和12年（1937）竣工の旧稲葉地配水塔である。

東山配水塔（現・東山給水塔）に次ぐ名古屋市内で2つ目の配水塔として建設された。上部の水槽容量は590㎥で設計されたが、急激な水需要拡大に対処するため、当初の約7倍の4000㎥に設計変更された。大きくなった水槽部を支えるため、16本の補強柱を施したことで、ギリシャのパルテノン神殿を思わせる外観となった。構造は、鉄筋コンクリート造5階建、地下1階である。

配水塔としての役割は、大治

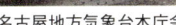

寿湯

名古屋第一赤十字病院旧本館玄関

素盞男神社

浄水場が完成したため、7年後の昭和19年（1944）に終了した。その後、改装されて昭和40年から平成3年（1991）まで中村図書館として使用され、平成7年には演劇練習場「アクテノン」として再生された。演劇を始め音楽、舞踊などさまざまなジャンルの練習に利用され、近代建築の保存活用の好例としても注目を浴びている（名・重建）。

名古屋第一赤十字病院（旧本館玄関）

中村日赤▼地図⑮

地下鉄中村日赤駅で降り、南改札口から日赤病院連絡通路で病院内に入る（利用可能時間7時～22時）。連絡通路には病院の歴史が貴重な写真やイラストのパネル展示がある。昭和12年（1937）日本赤十字社愛知支部病院として開院し、戦時中には戦傷病者を収容する陸軍・海軍病院を経て、昭和29年（1954）に名古屋第一赤十字病院と改名して現在にいたったことがわかる。

病院の地下フロアからエスカレーターで1階へ向かい、西棟正面玄関より外に出ると旧館のゲートの一部が再現されている。旧病棟のうち唯一、病院開院以来の旧本館、初代玄関の一部をそのまま残したものである。モダンな車寄せと戦前に流行した表現主義といわれる建築様式の重厚な構造が特徴である。

寿湯

中村日赤▼地図⑮

中村日赤の旧本館玄関のモニュメントの南の通りを東に行く。最初の信号（道下町5丁目）を左折し、二本目の交差点の北東角に銭湯の寿湯がある。創業は昭和初期。堅牢なブロック塀が歴史を感じさせる。アーチ型の入口の横には「薬湯　中将湯温泉特約浴場」の真っ赤な琺瑯《ほうろう》看板が掛かっている。浴室の壁面には、モザイクタイルで山岳風景が描かれている。レトロ度抜群の銭湯である。営業時間は、15時～23時。月曜定休。

素盞男神社

中村日赤▼地図⑮

寿湯から東に向かい、最初の交差点を左折し北に向かうと突き当たりに素盞男《すさのお》神社がある。毎年11月の酉の日に酉の市が行われ、名古屋市内の商工業者が

旧一徳（旧料理旅館松岡、現デイサービスセンター　松岡健遊館本店）

旧稲本楼（旧日本料理稲本、現デイサービスべんがら亭）

商売繁盛の祈願に訪れる。遊廓にとっても商売繁盛祈願の地であり、神社内の奉納物にはかつての中村遊廓の伎楼名が刻まれているものが多い。

中村遊廓

中村日赤▼地図⑮

現在の大須の地にあった旭廓が閉鎖され、中村に移転し開業したのは大正12年（1923）であった。新生中村遊廓は、日吉《ひよし》・寿《ことぶき》・大門《おおもん》・羽衣《はごろも》・賑《にぎわい》の5つの町からなっていたため、五町街《ごちょうまち》と呼ばれた。全盛を極めたのは、昭和12年（1937）頃で、娼家は約140軒、娼妓約2000人を数えたという。戦後、昭和33年（1958）の売春防止法の施行により終焉を迎え、当時の面影を残す建築物も今や数えるほどしか残っていない。

旧稲本楼

中村日赤▼地図⑮

素盞男神社から東へ70mほど行った日吉町の通りの北側に旧稲本楼がある。稲本楼は、中村遊廓が開業した当初、大正12年（1923）頃の竣工で、木造2階建である。

大門地区の北端に位置する中村遊廓を代表する建物で、通りに面したべんがら塗りの派手な赤壁と中国風の門は、この建物がかつて普通の町から切り離された、遊廓という「非日常の世界」に存在していたことを物語っている。この門から一歩中に入ると、そこはまさに現世を忘れることができる、この世の極楽浄土という別世界が待っていたといえる。売春防止法の施行後、稲本楼は日本料理店に転業するが平成21年（2009）に閉店、現在は「デイサービス　べんがら亭」として再利用されている（名・重建）。

旧新千寿（現長寿庵）の美人画

旧新千寿（現長寿庵）

岩井橋

金時湯

旧一徳

中村日赤▼地図⑮

べんがら亭（旧稲本楼）の通りを挟んですぐ南向かいに、同じく大正12年（1923）頃建てられた遊廓一徳がある。純和風の木造2階建遊廓建築。売春防止法の施行後、「料理旅館松岡」として営業、平成13年（2001）にデイサービスセンター松岡大正庵（現在は松岡健遊館）として生まれ変わり、地域のお年寄りのコミュニケーションの場として利用されている（名・重建）。

旧新千寿

中村日赤▼地図⑮

松岡健遊館の角を右折し、最初の交差点の北東角に稲本楼や一徳と同じく大正12年（1923）頃建てられた遊廓新千寿がある。かつては遊廓新山水と棟続きで連なっていたが、新山水は解体されて看護学校が建てられた。

新千寿は修復されて現存している。鵜飼病院を経営する鵜飼家の表札が掲げられており、「長寿庵」と名づけられて一般の住居として使用されているようだ。建物の外観は、1階の窓に見られる連子格子、2階の高欄など、当時の木造建築の粋を結集した楼閣建築の特徴がよく見られる。朱塗りの土壁に窓飾りが付き、窓ガラスには艶めかしい美人画が描かれている。

玄関隅に置かれた鬼瓦の中央にかつての屋号「新千寿」の文字が刻まれている（名・重建）。

金時湯

名古屋▼地図⑬

長寿庵からピアゴの前を南に向かい最初の交差点を左折し、東に向かう。則武本通3丁目の信号を越えた通りの南側に金時湯がある。昭和3年（1928）竣工のレトロ銭湯である。脱衣所と浴場の仕切り壁には、モザイクタイルの山岳画が描かれている（名・認定）。

金時湯の前を東に700m（徒歩10分）行くと名古屋駅の太閤口である。営業時間15時45分～22時30分。木曜定休。

岩井橋

大須観音▼地図⑬

金時湯から則武本通を南に行くと地下鉄中村市役所駅である。地下鉄丸の内駅で乗り換え、大須観音駅で下車。3番出口を出て南に行き、大須通を西に向かうと堀川に架かる岩井橋に出る。

岩井橋は大正12年（1923）の竣工。設計は関場茂樹、意匠は建築家の武田五一である。アーチ本体の装飾や、橋詰の親水階段など、現在でも都市の橋梁デザインのお手本となる名古屋の名橋のひとつである。大正期の橋梁技術とデザイン様式を伝える近代土木遺産としては堀川の橋のベスト1にあげられる。

中川運河松重閘門

日置橋

現存する大正期の橋では中橋（大正6年）が架橋時の姿を留める最も古い橋だが、岩井橋は中橋と比較すると幹線道路の大須通にあり、交通量が比較にならないほど多いので、90年後の現在まで拡幅工事による架け替えもなく現役で使用されているのは、当時の設計と技術の優秀さを証明している（名・認定）。

日置橋

日置橋▼地図⑬

岩井橋を南に下ると日置橋である。日置橋は、福島正則による堀川開削当時からある堀川七橋のひとつである。江戸時代には桜の名所として名古屋七景のひとつにあげられている。西詰の親柱に「明治十四年九月」と「昭和十三年九月改築」の銘がある。明治期の親柱を昭和の改築時に再利用したものと思われる。現在の橋は昭和13年（1938）の竣工である。橋の外観は五条橋と同様和風のデザインで石づくりの擬宝珠を載せた親柱と高欄は当時のままで、両脇に和風の欄干で統一した歩道を新設している（名・認定）。

中川運河松重閘門

日置橋▼地図⑬

日置橋を南に下ると松重橋である。堀川の右手に中世の塔を思わせるゴシック風デザインの松重閘門《こうもん》が見える。閘門の向こうは中川運河である。中川運河は、名古屋港と旧国鉄笹島貨物駅を結ぶためにつくられ、大正15年（1926）に着工し、昭和5年（1930）に開通した。同時に堀川との連絡のためにつくられたのが、松重閘門である。中川運河は堀川より水位が約1m低かったため、船を行き来させるためにはその水位を調節する必要があり閘門が設けられた。

松重閘門では、両端にそれぞれ上下式の水門を持つ幅8・5m、長さ90mの水路を構築し、船が中川運河から水路に入ると中川側の水門を閉め、地下の暗渠で堀川の水を水路に入れて水位をそろえたのち、堀川側の水門をあけて船を堀川に通した。水門を開閉する機械装置を取り付けた鉄橋を支持し、水門開閉用の釣り合いおもり（40tの鋼鈑）を収容しているのが、高さ約20mの松重閘門の塔である。

昭和5年に竣工し、翌年から使用され、長年にわたり名古屋の産業を支えてきたが、昭和30年代の後半から陸上輸送の台頭によって水上輸送の需要が次第に減り、昭和51年には使用が停止された。その後、水門内部は埋め立てられ、付近は昭和61年に松重閘門公園として整備されるにいたった。装飾性の強い優れた外観は、ライトアップされた夜の姿が特に美しい（名・重建）。

03
産業遺産をめぐる

名古屋はものづくり文化の伝統が息づくまちである。トヨタ・ノリタケを筆頭に、つねに時代の先端をいく産業技術が生まれてきた。その足跡をめぐってみよう。

トヨタ産業技術記念館

＊注＝名古屋都市景観重要建築物….（名・重建）

通常料金でめぐると…1,080円
エコキップで行けば…480円お得！

●コース

- メーグル　名古屋▶亀島
  トヨタ産業技術記念館▶ノリタケの森
- 地下鉄　亀島▶伏見
  名古屋市科学館屋外展示▶でんきの科学館
- 地下鉄　伏見▶鶴舞
  鶴舞公園噴水塔・奏楽堂
- 地下鉄　鶴舞▶港区役所
  平和橋▶津金文左衛門胤臣頌徳碑・尾張磁器発祥之地碑
- 地下鉄　港区役所▶名古屋港
  奥田助七郎胸像▶名古屋海洋博物館
- 地下鉄　名古屋港

トヨタ産業技術記念館

🚌亀島▼地図②

名古屋駅からメーグル（なごや観光ルートバス、1乗車200円）でトヨタ産業技術記念館に向かう。産業技術記念館、トヨタテクノミュージアムを訪れる。明治44年（1911）、トヨタグループの創始者豊田佐吉が自動織機開発のための実験工場として豊田自動織布工場をこの地に開設した。その工場が旧豊田紡織本社工場となり、さらに豊田自動織機製作所やトヨタ自動車工業発祥となった記念すべき場所である。ここに大正時代の赤レンガづくりの工場建屋がそのまま残されてきた。それらを貴重な産業遺産として保存するとともに、産業技術記念館として活用している。（名・重建）

大正時代建築の美しいノコギリ屋根のレンガ工場を修復、当時の柱がそのまま林立するなかで「モノづくりの心に出会い、知

ノリタケの森

トヨタ産業技術記念館館内

り、体験する空間」として、大人も子どもも楽しめるミュージアムとなっている。「紡ぐ・織る」ための機械と自動車のしくみ、開発技術についてわかりやすい展示がされ、ボタンを押すと大きな音を響かせながら機械が実際に動く。

敷地内には、明治38年（1905）豊田佐吉が住居及び研究室として築造し、後に豊田商会の事務所に使われた建物（名・重建）や大正14年（1925）豊田紡織本社事務所として建設されたトヨタグループ館（内部見学可）も移築されており、トヨタの発展の歴史を垣間見ることができる（月曜休、入場料５００円）。

ノリタケの森

亀島▼地図②

トヨタ産業技術記念館から東へ４００ｍほど行くと、近代陶業発祥の地に陶磁器に関する複合施設として開設されたノリタケの森がある。

森村市左衛門によって設立された貿易会社森村組は、陶磁器製造のため明治37年（1904）に日本陶器合名会社の最初となる工場を建設した。昭和50年（1975）まで稼動した風情のあるたたずまいが印象的な赤レンガづくりの建物は、日本の洋食器の歴史を象徴するものである。

ここで、ノリタケが1世紀にわたり創造してきた数々の名作や佳品に出会える。いまでは美術品と評価される作品たちは、時の移ろいのなかで輝き続ける歴史の証言者でもある。初期のノリタケ製品オールドノリタケも展示され、アール・ヌーヴォー作品やアール・デコ様式などを見ることができる（月曜休・火曜日が休みになる時がある）。

名古屋市科学館屋外展示

伏見▼地図②

地下鉄伏見駅５番出口を出て、白川公園の名古屋市科学館に向かう。科学館の南側にいろいろな屋外展示物がある。その一つに名古屋市電１４００型がある。

名古屋に市電が登場したのは、明治31年（1898）のことで、笹島町から県庁前（現在の中区役所付近）の区間であった。名古屋電気鉄道によるこの事業は、京都に次いで2番目の営業であった。大正11年（1922）名古屋市営に移管し、昭和49年

名古屋市電1400型とB6型蒸気機関車

中部地方電気事業発祥の地プレート

フランシス水車

（1974）に全線廃止された。特に、1400型と呼ばれる車両は、昭和11年に製造されたもので人気があり、名古屋の市電を代表する車両であった。

現在、日進市浅田町（地下鉄赤池駅下車、2番出口から徒歩約7分）の名古屋市交通局日進工場北側にレトロでんしゃ館が開館し、市電や地下鉄の車両が展示されている。

二つ目はB6型蒸気機関車である。基本設計はイギリスで行われ、英・独・米三カ国で製造されて日本に輸入された。その数は500余輛、明治末期の蒸気機関車の約4分の1を占める主要機関車であった。展示してある「B6－2412号」は、明治37年にドイツのハノーバー社で製造され、日露戦争の軍需物資を輸送するために使用されたものの一つである。

この車両は、大正時代には中央線、昭和になってからは武豊線・高山線を走った。展示してある蒸気機関車は、大きな改造がされず、製造当時の形を残している。現在、同型のものは数輛しか残っておらず、貴重なSLの一つである。

三つ目はフランシス水車と呼ばれている水力発電機用の水車である。電力王と呼ばれた福沢桃介《ももすけ》は、大正10年、大同電力（現関西電力）を創設し、木曽川水系に水力発電所を次々につくった。その総決算として、大正13年に完成したのが、大井発電所である。フランシス水車は、その大井発電所で使われていた発電機用の水車である。この形式の水車は、英国生まれのフランシスが1850年に発案したので、彼の名前をとってフランシス水車と呼ばれた。

大井発電所は、わが国で初めて木曽川という大河川をせき止め、高さ50mを越える高ダム建設を行った発電所である。展示されているのは、内側のランナーと呼ばれる部分である。

でんきの科学館

伏見▼地図②

名古屋市科学館の前を北に向かい、広小路通に面した西側に名古屋電気文化会館がある。入口前広場の壁面に「中部地方電力事業発祥の地」のプレートが掲げられている。中部電力の前身名古屋電燈株式会社の石炭火力発電所がこの地につくられた。ドイツ製の発電機4台で出力100kw。明治22年（1889）12月15日に初めて名古屋市内に送電された。都心部の41の町に電柱391本を建て、電燈の数は400燈であった。

名古屋電燈株式会社は、本社を大須の門前町阿弥陀寺に置き、南長島町につくられたのが電燈中央局と呼んだ発電所である。その後、三井銀行名古屋支店長矢田績《せき》の勧めで、福沢桃介が名古屋電燈の株を取得し、取締役に就任して改革を行った。桃介は木曽川の水利権を手に入れ、

奏楽堂（鶴舞公園）

噴水塔（鶴舞公園）

平和橋

前出の大井ダムに代表される巨大な水力発電所をつくり、日本の電力王と呼ばれるようになる。
　名古屋電気文化会館のメイン施設でんきの科学館の4階にでんきの資料室がある。名古屋電燈創立時の丹羽正道や福沢桃介・松永安左エ門《やすざえもん》の資料が展示されている。（月曜休・入場無料）

鶴舞公園噴水塔・奏楽堂

鶴舞▼地図③

　地下鉄鶴舞駅4番出口を出て、鶴舞公園に向かう。明治時代に名古屋で催された博覧会の代表的なものが、明治43年（1910）の第10回関西府県連合共進会である。

　その時の記念物が鶴舞公園に二つ残っている。噴水塔と奏楽堂である。設計者は鈴木禎次《ていじ》。夏目漱石の義弟である。共進会終了後、博覧会跡地の公園計画に鈴木も参画し、洋風・和風を巧みに取り込んだ5区画からなる鶴舞公園を完成させた。

　鈴木禎次は明治29年、帝国大学工科大学造家学科を卒業し、鉄骨構造の研究を中心とした近代の西洋建築術を身につけた。明治39年に、その前年に開校したばかりだった名古屋高等工業学校（現名古屋工業大学）の建築科長として赴任し、教鞭をとった。以来、名古屋をはじめとする東海地方の建築と深い関わりを持った。

　噴水塔は、8本のトスカナ式オーダーによる円柱をめぐらした円堂形式。昭和48年（1973）に地下鉄鶴舞線工事のため解体撤去されたが、昭和52年に復元された。奏楽堂は、昭和9年の室戸台風で大被害を受けて取り壊された。その後、デザインの異なる奏楽堂が建てられていたが、平成9年（1997）に築造当時の姿に復元された。（名・重建）

平和橋

港区役所▼地図⑯

　地下鉄港区役所駅1番出口を出て北に向かうとすぐ平和橋に出る。港北公園の地は、昭和12年（1937）に名古屋汎太平洋平和博覧会が開かれた場所である。参加国は、29カ国。期間中の入場者は、約480万人に達した。平和橋は、現在残っている名古屋汎太平洋平和博覧会の当時の

名古屋汎太平洋平和博覧会記念絵はがき

唯一の遺構である。

この博覧会は、当時の名古屋市長であった大岩勇夫の発案によるものであった。大岩は、12年にわたる任期中に中川運河・名古屋市公会堂・水道拡張・下水処理場の四大事業を推進、名古屋市庁舎・国鉄名古屋駅・東山動物園・市民病院などを建設し、名古屋のまちづくりに多大な功績を残した。

また、大岩は、ものづくりの街として名古屋を成長させようという試みも推進している。三菱やトヨタの工場を誘致し、中京デトロイト計画により名古屋の企業5社（日本車輌製造、大隈鐵工所、愛知時計電機、岡本自転車自動車、豊田式織機）の共同による国産自動車「アツタ号」を完成させ、昭和13年（1938）までに30台を製作している（ちなみにトヨタ自動車工業〔現トヨタ自動車〕は、翌昭和14年に設立されている）。この博覧会にあわせて埋め立てられた15万坪におよぶ臨港埋立地は、博覧会後の工業都市名古屋の基盤となった。

津金文左衛門胤臣頌徳碑 尾張磁器発祥之地碑

港区役所▼地図⑯

港北公園の北側に津金《つがね》文左衛門《ぶんざえもん》胤臣《たねおみ》頌徳碑《しょうとくひ》と尾張磁器発祥之地碑がある。江戸時代後期、熱田奉行津金文左衛門胤臣は、新田開発に従事していた加藤吉左衛門・民吉父子を見いだし、熱田新田の古堤に築窯させ南京焼（白磁）製作の研究に没頭させた。

その後、民吉が九州で磁器製法を学び取り、瀬戸に帰ってきてから瀬戸では染付の磁器生産が主流となり、これを新製焼と称した。これが「せともの」として全国に販路を拡げていくのである。

津金文左衛門胤臣頌徳碑

奥田助七郎胸像 名古屋海洋博物館

名古屋港▼地図⑯

地下鉄名古屋港駅1番出口を出て、名古屋港湾会館に向かう。港湾会館への西側アプローチ階段の袂に奥田助七郎《すけしちろう》胸像が建てられている。名古屋港の開港と整備に尽力した功労者だ。奥田助七郎は、京都帝大を出て、明治33年（1900）に愛知県に奉職した技師である。

それ以前の明治29年、愛知県は熱田湾築港工事を開始した。この頃の熱田湾は水深がマイナス1m程度で、一面を葦が覆う沼地のようであった。こうした悪条件下での築港は巨額の税金を投入する必要があることから、世論は工事反対の声が圧倒的であった。

この状況を一変させたのが30代半ばの奥田助七郎である。明

尾張磁器発祥之地碑

名古屋ポートビル（名古屋海洋博物館は3、4階）

奥田助七郎胸像

治39年報知新聞社が３８７６ｔの大型貨客船ろせった丸を使い、全国の主要港湾で巡航博覧会を計画した。この地方では、武豊港と四日市港に入港させる計画であった。

奥田はこの豪華客船を熱田港に寄港させ、築港の重要性を訴えようと考え、船長に直談判を試みるなどした結果、ろせった丸は熱田港に入港することになった。博覧会は十数万人の来場者を記録し大成功を収め、これを契機に港湾整備の重要性が市民に認識されるようになった。

明治40年、熱田港を名古屋港に改称し、名古屋港は、開港場の指定を受け、国際貿易港の仲間入りを果たすこととなった。

奥田は、その後大正11年（1922）、初代名古屋港務所長となっている。現在、名古屋港ポートビルには、名古屋海洋博物館が設けられ、名古屋港の歴史や現状が紹介されている。（月曜休、入場料３００円）

Column　橦木館をつくった井元為三郎

井元為三郎（1874-1943）は、陶磁器輸出業の田代商店に勤務、神戸支店長などを歴任するが、明治 31 年（1898）に独立して井元商会を創設した。名古屋の陶磁器業界が大正期から大躍進したのには三つの要因がある。第一は瀬戸電の開通。第二は名古屋港の開港。第三は第一次世界大戦の開戦である。昭和初期には全国陶磁器輸出額の 8 割近くを名古屋港が占めるようになり、地場陶磁器商のトップの位置を占めたのが為三郎である。

彼は、公的には名古屋陶磁器貿易商工同業組合長として名古屋陶磁器会館を東区白壁に建てる（昭和 3 年竣工、鉄筋コンクリート 3 階建、地下 1 階延 914㎡）が、大正 15 年に橦木町に和風平屋建を、翌年に洋風 2 階建住宅を建設した。和館は客座敷部分と居間部分からなり、特に客座敷部分には、さまざまな意匠が凝らされている。洋館はスパニッシュ瓦葺きの洒落た建物である。2 階の南面にバス・トイレを設置するなど斬新な設計になっている。

平成 8 年、市の有形文化財に指定。平成 19 年に名古屋市の所有となり、市民に公開されている。蔵に眠っていたステンドグラスが発見され、平成 21 年には修理工事を終えて一般公開されている。（井土宇人）

04 堀川の歴史を歩く

名古屋の中心を流れる堀川の歴史は、城下町名古屋の歴史そのもの。江戸の初めにすでに上水道がつくられていることを知っていますか。そんな堀川を上流に向かって歩こう。

旧加藤商会ビル

＊注＝名古屋都市景観重要建築物…・(名・重建)

通常料金でめぐると…640円

エコキップで行けば…

40円お得！

●コース

地下鉄 栄▶伏見

納屋橋・加藤商会ビル▶泥江県神社▶伝馬橋▶中橋▶浅間社▶四間道▶那古屋町屋根神様▶円頓寺商店街▶五条橋▶美濃忠

地下鉄 丸の内▶浅間町

朝日橋・堀川堀留の碑▶大幸橋▶辰之口水道大樋跡▶巾下上水▶好生館病院跡▶筋違橋▶堀端橋▶下水道科学館

地下鉄 名城公園▶上飯田

矢田川伏越▶庄内用水元杁樋▶黒川樋門▶羊神社▶御用水跡街園

地下鉄 志賀本通

納屋橋・加藤商会ビル

伏見▼地図⑬

堀川は、慶長15年（1610）、徳川家康の命を受けた福島正則が普請総奉行となり、名古屋城築城を機に開削された。

当時は名古屋城西の辰口《たつのくち》から広井・日置・古渡と下って熱田の西側で海に注ぎ、城や城下町への物資の運搬などを通じて、名古屋の経済や文化を支えた。

川沿いは米、海産物、材木などを扱う商人たちの店が連なり活況を呈したという。納屋橋の中央には、福島正則の家紋が嵌め込まれ、その脇には、織田・豊臣・徳川の家紋が鋳込まれている。（納屋橋は、名・重建）

納屋橋の東北角にある加藤商会ビルは、昭和6年（1931）頃に竣工。加藤商会は、タイとの貿易を行い、同社社長加藤勝太《かつた》郎《ろう》は、昭和10年に名古屋駐在シャム国名誉領事に任命された。当時、ここでパスポート発給な

泥江県神社

納屋橋(中央に福島正則の家紋がある)

浅間社

四間道

四間道ガラス館

どを行っていたという。

この建物は国の登録有形文化財になり、現在は名古屋市が所有。タイ料理レストラン「サイアムガーデン」がテナントとして入っている。地下部分は、堀川に関する歴史や資料・研究や調査結果などを展示する堀川ギャラリーとして活用されている。

泥江県神社

国際センター▼地図②

納屋橋から北に向かい、袋町通りを東へ行くと、ビルとビルの間に泥江県《ひじえあがた》神社がある。貞観元年(859)宇佐より八幡神(神功皇后・応神天皇・姫大神)を勧請したとされる式内社である。

名古屋城築城以前は広大な領域を有する神社であったが、次第に社領が削減され、現在に至っている。江戸時代には広井八幡社と呼ばれていた。

四間道

国際センター▼地図②

泥江県神社から堀川沿いに戻り、伝馬橋を過ぎて北へ向かう。桜通を越え、中橋を左折すると、正面に浅間社《せんげんしゃ》の杜が見えてくる。浅間社を右折して北に向かうと四間道である。

五条橋

屋根神様

子守地蔵

元禄13年（1700）の大火の後、4代藩主の徳川吉通《よしみち》は、商家の焼失を避けるために堀川沿いにある商家の裏道幅を4間（約7m）に拡張したことから四間道と呼ばれるようになる。再開発の波に見舞われながらも未だに古い街並みが残り、街並み保存地区に指定されている。

白壁の土蔵が連なり、町屋の長屋の二階には屋根神様が祀られている。

四間道の中間あたりに民家を改装した喫茶店SaRaや四間道ガラス館がある。土蔵を改装したレストランもある。四間道の屋根神さまが祀られている路地の奥にあるのが子守地蔵尊だ。お堂の中には、さらに厨子があり、その中に小さな石の地蔵さまが安置されている。

五条橋

丸の内▼地図②

四間道から西側一帯は円頓寺《えんどうじ》商店街だ。その東端に五条橋がある。

この橋は堀川七橋の一つで一番上流に架けられていた橋である。堀川七橋とは、堀川開削の頃に架けられた七つの橋をいう。上流から五条橋・中橋・伝馬橋・納屋橋・日置橋・古渡橋・尾頭橋である。五条橋は、清須越しにより清須から移築されたものである。擬宝珠《ぎぼし》の銘に堀川が開削された慶長15年（1610）より古い「慶長七年壬寅六月吉日」とある。（名・重建）

現在の擬宝珠はレプリカであり、本物は名古屋城で保管されている。五条橋を渡って東に進むと道の北側に古い佇まいの和菓子店がある。羊羹で有名な老舗・美濃忠本店である。さらに東に進むと地下鉄丸の内駅だ。

堀川堀留の碑

浅間町▼地図②

地下鉄浅間町駅1番出口を出て東に向かい、堀川に架かる幅下橋の北側に朝日橋がある。その朝日橋には、昭和59年（1984）に名古屋市によって建てられた堀川堀留の碑がある。朝日橋は、天明5年（1785）に初めて架橋され、昭和初期まで橋の下には苔むした石積の落差工があった。その水音から「ザーザー橋」と呼ばれた。

朝日橋の北側が大幸橋である。橋から一筋西の北東の角に、野菜せんべいで有名な秀松堂がある。創業は明治25年（1892）。「蓮根・くわい・さつまいも」の三種類の野菜を風味を生かし、素材の形のまま煎餅にしたものである。

辰之口水道大樋の跡

堀川堀留の碑

名古屋好生館（大正中頃）

清洲櫓（名古屋城）

辰之口水道大樋の跡 巾下上水

浅間町▼地図②

大幸橋から名古屋城の堀端に向かい、堀に沿って行くと辰之《たつの》口《くち》水道大樋《おおひ》の跡がある。名古屋城の西側の地は、清水に恵まれない地であり、濁った泥水がたまる地帯であった。

2代尾張藩主光友は、寛文3年（1663）庄内川から名古屋城まで水を引き、その水を上水として供給するよう命じた。御用水と呼ばれ、名古屋城の堀まで導かれた水は、辰之口水道大樋で調節され、その先はヒノキの板でつくった樋によって給水する巾下《はばした》上水となり、城西の町に供給された。

江戸の玉川上水や神田上水と同じように、名古屋の住民も早くから水道の水を飲んでいたのである。天明4年（1784）からは、大幸川の流路を御用水に付け替え、堀川に流すようにした。

名古屋好生館跡

浅間町▼地図②

辰之口水道大樋の北側は、樋の口町という。現在、ウエスティンナゴヤキャッスルホテルのある場所には、明治から終戦の年まで中京地区最大の民間病院名古屋好生館《こうせいかん》という病院があった。陸軍軍医の横井信之によって創立された。

名古屋城の北西にあたるこのあたりからは、清須櫓《やぐら》と呼ばれる隅櫓が堀と調和して大変美しい景観をつくりだしている。

黒川治愿と黒川

浅間町▼地図②

堀の西北角は筋違《すじかい》橋という。この橋で堀川と南北の筋が斜めに交差するので名前が付いた。

辰之口水道大樋が閉鎖されて

堀端橋から見た名古屋城

から、堀の西北角の場所にある樋之口街園の地に排水路を設け、お堀の水を堀川（黒川）へ流すようになった。

明治10年（1877）に愛知県職員の黒川治愿《はるよし》により、大幸川の拡張・改修がなされ、明治17年には、犬山で取水した木曽川の水を新たに開いた新木津《こっつ》用水をへて春日井の勝川付近を流れていた八田川へ流し、庄内川へ合流させることに成功した。さらに流量を増やした庄内川に堰を設け（現在の水分橋の庄内用水頭首工の場所）、庄内川元杁《もといり》から庄内用水へ導き、矢田川伏越《ふせこし》（水路トンネル）、黒川樋門をへて堀川につなげる工事を完成させた。

この工事により犬山から名古屋城の北まで舟が通えるようになり、物資の流通に大きな変革をもたらした。庄内川元杁から堀川堀留の朝日橋に至る新しい水路を、黒川治愿の功績を称えて「黒川」と呼ぶようになった。

堀端橋

名城公園▶地図②

筋違橋から堀川は北東に方向を変える。堀端橋から南を見ると町屋の向こうに名古屋城の天守閣が見える。天守閣のビューポイントの一つである。

そのまま堀川沿いに三郷ゲートの角を東に曲がり、桜並木を直進すると城北橋に出る。

下水道科学館

名城公園▶地図②

城北橋を南に折れると下水処理場の隣に下水道科学館という博物館がある。下水道科学館の入口前にはいろいろなモニュメントがあり、ボタンを押すとメロディーを奏でる噴水もある。

名古屋の下水道事業は、明治26年（1893）に始まる。名古屋市は、日本の下水道事業の生み

下水道科学館館内

下水道科学館

黒川樋門

庄内用水元杁樋門

の親であるイギリス人W・K・バルトンに調査を依頼した。その後、明治41年、下水道工事が開始。大正元年（1912）に、初めて下水道の供用が開始された。

　昭和5年（1930）には、堀留下水処理場と熱田下水処理場が完成し運転を開始している。

庄内用水元杁樋門
黒川樋門・御用水跡街園

上飯田▶地図⑥

　地下鉄で上飯田駅まで行き、黒川の上流の遺跡を確認しよう。上飯田の北に三階橋《さんかいばし》がある。その名の由来は、1階が矢田川の下を流れる伏越、2階が矢田川、その上に架かる橋が3階になるので三階橋となった。

　矢田川の上流は瀬戸の陶土地帯のため流砂が多く、用水に砂が流れ込むので、維持管理が難しく飲み水としても適していなかったため、わざわざ一つ向こうの庄内川から導水した。その際、水路を矢田川の川床の下に掘って通した。それが伏越である。矢田川が天井川であったため可能となった工事である。

　延宝4年（1676）に竜泉寺下流の庄内川から引き込まれた用水路は、矢田川の下につくられた木製の伏越を通り御用水をへて堀川につながり、巾下用水に供給された。

　明治10年（1877）に、黒川治愿により新水路が開削。木曽川の水を新木津用水をへて庄内川に導水し、水分橋《みずわけ》の庄内用水元杁《もといり》樋《ひ》門《もん》で取水した。現在残っている元杁樋門は、明治43年に人造石で築造されたものである（名・重建）。

　三階橋のたもとを東に向かい突き当たりを右折する。三階橋ポンプ所の南に、都市景観重要建築物に指定されている黒川樋《ひ》門《もん》がある。かつてはここに貯水池があり、「黒川天然プール」と呼ばれた。堀川と御用水への通水のほか、農業用水の需要に応じて、庄内用水・志賀用水・上飯田用水と分水された。昭和52年（1977）三階橋ポンプ所ができてこのプールは役割を終え、姿を消す。

　黒川樋門すぐ南の夫婦橋の下流方向たもとには、御用水跡街園の入口を示す噴水のモニュメントと標識がある。ここから猿投橋までが比較的水質の良さが保たれている区域だ。街園沿いの遊歩道の桜並木が満開となる

御用水跡街園

羊神社

羊神社

4月の初めは人々で賑わう。

瑠璃光《るりこう》橋から上飯田の方に向かって歩いていくと、カフェ・タナカという喫茶店がある。TVでもよく紹介されるケーキのおいしい店だ。

羊神社

上飯田▼地図⑥

夫婦橋の北の信号を西に向かい、辻本通の信号を越え、3本目の筋を南に行くと、羊神社がある。このあたりの町名は辻町であるが、羊→火辻→辻と変化したようだ。羊神社の祭神は、天照大神と火之迦具土神《ほのかぐつちのかみ》である。

羊神社は、延喜式神名帳に「尾張国山田郡羊神社」と記され、本国帳に「従三位羊天神」とある古社である。神社に保存されている棟札によれば、本殿は慶長18年（1612）に再建されたとある。その後、天保9年（1838）尾張第11代藩主徳川斉温《なりはる》の時代に改築され、今日に至っている。

Column 江戸時代の町並み――名古屋城本丸天守閣内

名古屋城天守3階には江戸時代の役人の御用部屋（事務室）や台所・辻井戸・防火用水・茶店・川湊・商家の並ぶ町屋や堀川の五条橋辺りを考証したセットがつくられて、朝から夜の様子も再現している。江戸時代の名古屋城下の町の一日を体験しながら、江戸の風情を楽しむことができる。

再現されている五条橋詰めの木戸・自身番（名古屋は番屋）・高札場の状況は、当時の町の出入口の参考例で、すべてがこのような状態であったわけではない。展示されている五条橋の擬宝珠は、慶長7年（1602）の銘があることから、徳川家康の4男松平忠吉が清須城主だった時に清須の五条川に架けた五条橋の擬宝珠で、慶長15年の清須越しで橋とともに名古屋に移設されて堀川に架けられたものだ。

貸本屋「永楽屋」の名前が入った暖簾が下がる永楽屋は、永楽屋東四郎が本町の尾張風月堂から暖簾分けをされて、安永5年（1776）現在の中区錦2丁目の本町筋に店を構えた。貸本屋は出版社でもあり、永楽屋からは本居宣長の『古事記伝』、葛飾北斎の『北斎漫画』を出版しており、風月堂と共に知られた貸本屋だった。（伊藤喜雄）

05 名古屋の古代を探る

古代の名古屋はどんな状態であったのだろうか。貝塚の跡や古墳、神社や万葉の景勝地をめぐりながら、「あゆち」とよばれた昔を偲んでみよう。

通常料金でめぐると…1,430円
エコキップで行けば…
830円お得！

●コース

地下鉄 栄▶黒川
綿神社

地下鉄 黒川▶西高蔵
断夫山古墳▶白鳥古墳▶熱田神宮・清雪門▶高座結御子神社・高蔵遺跡

地下鉄 西高蔵▶瑞穂運動場東
大曲輪貝塚・瑞穂古墳群（2号墳）▶あゆちの水

地下鉄 瑞穂運動場東▶桜山
名古屋市博物館

地下鉄 桜山▶荒畑
八幡山古墳

地下鉄 荒畑▶鶴里
桜田八幡社▶見晴台考古資料館

地下鉄 鶴里

熱田神宮

綿神社

Ⓢ黒川▼地図⑥

地下鉄黒川駅4番出口を出て黒川交差点を北に向かい、4本目の筋を左折すると綿《わた》神社の山門の前に出る。綿神社は、延喜式に「尾張の山田郡綿神社は筑前志賀の海神社と同列の社なり」とある古社だ。祭神は玉依《たまより》比売命《ひめのみこと》。この地は弥生時代前期に、九州から渡来した海人《あま》族が稲作農耕文化を広めた場所である。綿神社の綿は、「わだつみ」（海）の借字《かりじ》である。綿神社は海神社である。

ここから西の志賀公園のあたりは名古屋における弥生時代の代表的な遺跡、西志賀遺跡がある。最近はその北東部の平手町遺跡で発掘が進められ、西志賀遺跡の居住域を囲む環濠《かんごう》も見つかっている。

断夫山古墳

綿神社

白鳥古墳

断夫山古墳・白鳥古墳

西高蔵▼地図④

地下鉄西高蔵駅へ。２番出口を出て南に向かうと熱田神宮公園がある。西側にあるのが熱田球場。公園に入っていくとすぐに断夫《だんぷ》山《さん》古墳が見えてくる。

東海地方最大の前方後円墳で６世紀初頭の築造。昭和62年（1987）に国の史跡に指定された。その規模は、全長１５１ｍ、前方部の幅１１６ｍ、後円部の直径80ｍ、前方部の高さ16・２ｍ、後円部の高さ13ｍである。後円部は台状で二段に築かれていたと見られており、二段目の傾斜面に円筒埴輪をめぐらせたつくりになっていた。

また、前方部と後円部の間に「造り出し」と呼ばれる方形の壇がつくられており、須恵器《すえき》なども発見されたことから、ここで祭事が行われていたと考えられている。古墳の周囲には石垣で組まれた周濠がめぐらされているが、現在のものは第二次大戦後につくられたもので、かつてどのような構造・規模であったのかは不明である。

いまでは全域を樹木に覆われ、周囲からその全景を見渡すことは難しい。伝承では、日本武尊《やまとたけるのみこと》の妻宮簀媛命《みやずひめのみこと》の墓である。断夫山の名は、日本武尊の死後、宮簀媛命が再婚しなかったことから名づけられた。

断夫山古墳から南に住宅地を歩いていくと白鳥《しろとり》公園がある。公園から白鳥古墳へ廻ることができるが、ぐるりと廻って堀川沿いから入ると正面に出る。

石段を昇ると御陵にふさわしい石柱で周囲が囲まれている。

白鳥古墳は、断夫山古墳とともに６世紀初頭に築造された前方後円墳である。全長74ｍ、最大幅25ｍとされるが、方墳の前部と円墳の東側部分が削りとられており、もともとの形をとどめていない。

なお『尾張名所図会』には、天保８年（1837）の台風の際に陵上の樹が倒れて内部の石室が露出し、直刀や鉄鉾などが発見されたことが記されている。

日本武尊が、死後、白鳥となって舞い降りた地と伝えられることから日本武尊の陵墓とされてきたが、現在では断夫山古墳とともにこの地方の豪族尾張氏の墓と考えられている。

石段の下に本居宣長の歌碑がある。「しきしまのやまとこひし

本居宣長の歌碑

み白鳥のかけりいましし あとところけれ」。

熱田神宮

神宮西▼地図④

白鳥古墳から宮中学校の北側を通り、東へ向かい白鳥小学校の東側の歩道橋を渡って熱田神宮へ向かう。

神宮の6万坪の境内には、樹齢千年を越える楠をはじめとして鬱蒼とした杜を形成しており、周囲を幹線道路に囲まれながらも、一足境内に踏み入ると太古の静寂さにつつまれる。古来蓬莱島と呼ばれた仙境の地である。

熱田神宮の主神は、熱田大神であり、神宝は、三種の神器の一つ草薙剣《くさなぎのつるぎ》である。宝物館に収められているその神宝の数々や伝えられるさまざまな祭典・神事を見ると、古代以来の歴史の重みをひしと感ずる。相殿神として、天照大神《あまてらすおおみかみ》、素盞鳴尊《すさのおのみこと》、日本武尊、宮簀媛命、建稲種命《たけいなだねのみこと》を祀っている。

また、別宮・摂社・末社をあわせると43社あり、実にさまざまな神々が熱田神宮には祀られている。記紀伝承では、第12代景行《けいこう》天皇の時代、日本武尊が東国平定の帰路に尾張へ滞在した際に、尾張国造乎止与命《おとよのみこと》（上知《かみち》我麻《かま》神社《じんじゃ》に祀られている）の娘宮簀媛命と結婚した。草薙剣を妃の手許へ留め置いたまま伊吹山に向かい、そこで山神の毒気に触れ、伊勢国能褒野《のぼの》で亡くなったとされる。

その後、宮簀媛命は熱田に社地を定め、剣を祀った。三種の神器のうち草薙剣が熱田に常に置かれるようになったことで、伊勢神宮に次ぐ権威のある神社として栄えることとなった。

9世紀に編纂された『熱田太神宮縁起』では、日本武尊の死後、氷上《ひかみ》の里（現名古屋市緑区大高町火上山）で草薙剣を守ってきた宮簀媛命が、身の衰えを憂え、神剣を奉るべき社地を熱田の地に求め、社を鎮座したのが熱田神宮の始まりであるとする叙述がなされている。大宮司職は代々尾張国造の子孫である尾張氏が務めていたが、平安時代後期に藤原季範《すえのり》にその職が譲られた。以降は子孫の藤原氏・千秋《せんしゅう》氏が大宮司、尾張氏は権宮司を務めるようになる。なお、この季範の娘が源頼朝の母である。

熱田神宮正門前の駐車場から正参道ではなく、一本東の道を北へ歩き、孫若御子神社や南新宮社の前を抜けた左側に土塀に囲まれた立派な門が残されている。これが清雪《せいせつ》門である。俗に不開門《あかずのもん》といわれている。

この門にまつわる伝承は興味

熱田神宮

清雪門

高蔵遺跡

高座結御子神社

深いものがある。『日本書紀』は天智天皇7年（668）のこととして、「是歳。沙門道行盗草薙剣、逃向新羅。而中路風雨。荒迷而帰」と記載されている。『熱田神宮御由緒』には、新羅の僧道行が、熱田神宮を参詣した折、清雪門より内部に侵入し、草薙剣を盗み出した。道行は草薙剣を持って祖国の新羅に渡ろうとしたが、嵐により果たせず失敗に終わったと記述されている。道行はその後捕らわれの身となり、草薙剣は宮中に保管された。そして、天武天皇が草薙剣の祟りによって病になり没すると、朱鳥元年（686）に草薙剣は熱田神宮に返還されたという。以後、この清雪門は固く閉ざされ、「不開門」として今日まで出入りが禁じられてきた。

　熱田神宮では、毎年5月4日に「酔笑人《えようど》神事」という祭事が執り行われる。草薙剣が神宮に戻されたときに社中はもとより人々は欣喜雀躍《きんきじゃくやく》、大いに酔い、笑いさざめいたという伝承を神事化したものである。

　境内が闇につつまれる午後7時から神官、祭員たちによる神事が始まる。見てはならぬとされる神面を狩衣《かりぎぬ》の中に隠しもち、先導役のかすかなオホホの笑いを合図に笛が吹かれると、全員がドッと大声で笑いさざめくのだ。これを3度くりかえす。境外の影向間《ようごうのま》社、神楽殿、別宮八剣宮、清雪門で同じ所作が行われる。

高座結御子神社・高蔵遺跡

西高蔵▼地図④

　熱田神宮から地下鉄の西高蔵駅に戻り、駅から東に歩いていくと、高座結御子《たかくらむすびみこ》神社がある。

　木々が生い茂り、昼間でも鳥居の中が真っ暗に見える。神社の北側は高蔵公園になっていて、楠の巨木が生い茂っている。高座結御子神社は3つある熱田神宮境外摂社の一つで、承和2年（835）の創建とされている。残りの2つは、緑区大高町火上山にある氷上姉子《ひかみあねこ》神社（祭神宮簀媛命）と熱田区白鳥の青衾《あおぶすま》神社（祭神天道日女命）である。

　尾張氏の祖先である高倉下命《たかくらじのみこと》を祀る。記紀の神武東征伝承でカムヤマトイワレビコ（神武天皇）とその軍勢が危機に陥った際に、タケミカヅチの分身でもある霊剣フツノミタマを届けて危機を救ったとされるのが高倉下命である。熱田神宮の祭神と同じく尾張の祖神であり、高蔵地区一帯の鎮守神・産土《うぶすな》神でもある。

　地元では「高座さま」と呼ばれて厚く信仰されている。周囲には、高蔵貝塚や高蔵古墳があり、古代以来、尾張氏一族の拠点地と考えられる。

　古くから子育ての神様として有名で、子預け・虫封じの厚い信仰がある。子預けとは、自分の幼い子どもを15歳まで神様に預けるというもので、無事育成

瑞穂古墳群（2号群）

大曲輪貝塚

と虫封じをお祈りし、15歳になったらお礼参りをするものである。その間は自分の子どもであっても神様にお預けしているので頭を叩いてはいけないという。

南の鳥居をくぐって社殿の方に歩いていくと、左手に覆い屋に囲まれた御井社《みいのやしろ》と呼ぶ井戸がある。「高座の井戸のぞき」として有名で、夏の土用の入りの日にこの井戸をのぞくと、カンシャクの虫封じになるといわれている。境内には鉾取社、新宮社、御井社、稲荷社の末社がある。また、境内には、樹齢何百年という大楠が何本も残っている。

高蔵遺跡は、明治40年（1907）現在の大津通を拡張するときに発見された弥生時代の遺跡である。高蔵地区は、名古屋市の市街地の中心部を南北に延びる熱田台地の東の周辺部にあり、大津通をはさんで北は沢上町から、南は外土井町、高蔵町、夜寒町にまたがり、十カ所以上の小貝塚、遺物包含層を含んでいる。

ここからは、円窓付き土器や丹彩のパレス式土器を含む弥生時代前期以降の土器多数のほか、石器や馬の歯、足の骨などが出土している。高座結御子神社や高蔵公園のあたりが遺跡の中心地である。

大曲輪貝塚
瑞穂古墳群（2号墳）

瑞穂運動場東▼地図⑨

地下鉄西高蔵駅から地下鉄瑞穂運動場東駅へ向かう。3番出口を出て、陸上競技場の西側入口に向かうと大曲輪《おおぐるわ》貝塚がある。昭和14年（1939）瑞穂陸上競技場造成の際に発見され、名古屋市内では珍しい縄文時代の貝塚として昭和16年に国の史跡に指定された。

縄文時代前期の貝塚を主体とし、古墳時代から中世にいたるまでの複合遺跡だ。昭和55年に陸上競技場の改築が計画された際、旧スタンドを取り壊したところ、その下に遺跡が残存することが判明したため、本格的な発掘調査が行われた。

その結果、縄文時代前期の貝塚が良好な状態で厚く堆積していたほか、その中に埋葬された屈葬の成人男性の人骨（現在、名古屋市博物館で保管・展示中）が発掘され、その胸の上に犬の骨一頭分が乗っていた。飼っていた犬を同時に埋葬したものではないかと推測される。また、抜歯も施されていて、当時の通過儀礼をはじめとした風習を知る上でも貴重なものである。

この遺跡からは、縄文時代後期から古墳時代にかけての住居跡なども検出されている。貝塚は大型のカキやアカニシを主体とし、残存の厚さは1mを超えていた。遺跡は山崎川の河口氾濫原に位置するものと考えられる。

この付近には、以前は50mほ

名古屋市博物館

あゆちの水

どの間隔で、三基の円墳があった。瑞穂古墳群と総称されるが、瑞穂野球場の南側に瑞穂2号墳が残っている。原形はとどめていないが、墳丘の規模は、直径30m、高さ約7mと推定される。1号墳は道路をはさんだ西側の豊岡小学校に残されているが、児童公園にあった3号墳は野球場建設の際、削られてなくなってしまった。これらの古墳がつくられたのは古墳時代後期（6〜7世紀）と思われる。

あゆちの水

◯瑞穂運動場東▼地図⑨

陸上競技場の北側から時計回りに円周に沿って歩き、直線になったところで東に向かうと住宅地の中にあゆちの水の遺跡がある。あゆちの水は、『万葉集』の巻13に作者不詳の歌にうたわれた「小治田の年魚道の水をひまなくぞ　人は汲むとふ時じくぞ　人は飲むとふ汲む人の　ひまなきがごと飲む人の　時じきがごと吾妹子に　わが恋ふらくはやむ時もなし」の尾張名水の一つ「小治田の年魚道水」の推定場所である。あゆち水歌碑の下段に万葉歌が原文のまま刻まれている。

この歌の地名について、契沖の『万葉代匠記』では、小治田を尾張田、年魚道を愛智と見る尾張説をとなえている。

名古屋市博物館

◯桜山▼地図⑨

地下鉄桜山駅4番出口を出て、南に向かうと名古屋市博物館の前に出る。博物館では、2階の常設展示室に尾張地域の原始から現代までを「尾張の歴史」として約1000点の資料が展示されている。

大曲輪貝塚で発掘された屈葬人骨もここに展示されている。尾張の歴史の概観をつかむために最初に訪れたい施設である。

（月曜休、入館料常設展300円）

八幡山古墳

◯荒畑▼地図③

桜山駅から御器所駅で鶴舞線に乗り換え、地下鉄荒畑駅で降りる。1番出口を出て西に歩き、精治療病院の角を北に向かうと鶴舞小学校の東側に八幡山古墳がある。

八幡山古墳は、県内最大の円

八幡山古墳

桜田の古覧（『尾張名所図会』から）

桜田八幡社の万葉歌碑

墳である。大正8年（1919）に鶴舞公園に編入され、昭和6年（1931）国指定の史跡となった。その規模は直径82ｍ、高さ10ｍあり、周囲には周濠と周堤をめぐらしている。戦前に埴輪片が収集されたが、戦災で失われた。戦時中、陸軍の高射砲陣地がつくられ、周囲の樹木が伐採され頭頂部が削られるなど破壊が著しかった。

戦後に名古屋市が再度盛り土を行い整形したために、現在の姿は旧来からのものではない。築造年代は5世紀中頃と推定されている。八幡神社の祠が頭頂部にあったために、八幡山と呼ばれる。

桜田八幡社（桜田勝景跡）

鶴里▼地図⑩

荒畑駅に戻り御器所駅で桜通線に乗り換え、地下鉄鶴里駅に向かう。鶴里駅2番出口を出て信号を西に渡り、南へ向かう。桜台高校東の信号交差点を右折し桜台高校の東南角前に桜田八幡社がある。

このあたりは、東南に傾斜した高台で、年魚市潟に臨み、眺望のよい地形であった。『万葉集』巻三に高市黒人の「桜田へ鶴《たづ》鳴きわたる年魚市潟潮干にけらし鶴《たづ》鳴きわたる」の歌に見る勝景地であった。境内には桜田貝塚碑もある。弥生時代後期から古墳時代にかけての貝塚である。貝塚からは弥生時代後期の土器が多く出土している。

見晴台考古資料館

鶴里▼地図⑩

桜田八幡社の前をまっすぐ南に下っていくと笠寺公園にいたる。ここに見晴台《みはらしだい》考古資料館がある。見晴台は笠寺台地東南端近くにあり、かつては海に面していた。台地上は全体が弥生時代～古墳時代の集落跡であるほか、鎌倉から室町時代は隣接する笠寺観音の寺地として、僧房か寺関係者の住居群があったと思われる。

毎年夏に実施されている発掘調査の結果、多量の土器・陶磁器や貝・骨などの遺物が出土している。見晴台遺跡に関する資料を収集、保管、展示調査とともに、市内の遺跡の発掘調査のため、昭和54年（1979）に開館した。（月曜休、入館無料）

見晴台考古資料館

06 武将たちの足跡をめぐる①

名古屋市内の中世の城は100を越えるが、史跡として残っているものは少ない。今回は織田信長の父織田信秀にスポットを当てながら関連史跡を歩いてみよう。

長母寺の北から矢田川を望む

通常料金でめぐると…1,540円

エコキップで行けば…**940円お得！**

●コース

- **地下鉄** 栄▶ナゴヤドーム前矢田
- **バス** 矢田川橋
  - 守山城跡▶尾張藩矢田河原砲場▶長母寺
- **バス** 長母寺▶大曽根
  - 山田天満宮▶山田重忠旧里の碑
- **地下鉄** 大曽根▶黒川
  - 志賀公園▶平手政秀邸址
- **地下鉄** 黒川▶市役所
  - 那古野城跡
- **地下鉄** 市役所▶覚王山
  - 末森城跡
- **地下鉄** 覚王山▶上社
  - 下社城址▶柴田勝家出生地
- **地下鉄** 上社

織田信秀

まずは本コースの主人公、織田信秀について簡単に触れておこう。

信秀は、大永7年（1527）父信定より家督を譲られた。勝幡《しょばた》城を拠点に湊町の津島を支配下に置き、そこからもたらされる財力を背景に清須織田家内での地位を確実なものとした。天文7年（1538）には那古野城の今川氏豊《うじとよ》を追放し、那古野城は嫡男信長に与え、その後も勢力を拡大。天文15年には居城を古渡城に、天文18年には末森城に移している。

尾張平野部を傘下に置いた信秀は、東山丘陵に防衛ラインを構築した。この頃守山城主は実弟織田信次《のぶつぐ》で、末森城の完成で守山・末森の防衛ラインができた。この防衛線は、「守山―矢田川―香流川―長久手　守山―印《いん》旛《ば》―岩作《やざこ》―岩崎　末森―東山越え―岩崎」と、三河から尾張（清須）に至る最短ルートの要所であり、東海道ルートよりはるかに近く重要な防衛線である。対外においては、天文4年、松平清康《きよやす》が守山崩れで陣没した混乱に乗じて三河に侵攻し、天文9年には安祥城を占領した。しかし松平家は守山崩れの後、今川家の従属下に入り、このため信秀は今川義元と敵対することとなる。

天文11年、今川義元と小豆坂《あずきざか》での戦いに勝利。西三河の占領を維持したが、天文17年に第二次小豆坂の戦に破れ、翌天文18年、安祥城の戦いにも負けて、三河から撤退している。一方、北の美濃では天文11年、美濃の守護土岐頼芸《ときよりよし》が斎藤道三《どうさん》に追放され、信秀は頼芸を保護し、天文16年に斎藤道三と戦ったが負けている。

東の今川義元・北の斎藤道三と強敵に囲まれた信秀は、天文18年、嫡男信長と道三の娘濃姫を政略結婚させることで斎藤家と和解したが、今川との対立はなおも続く中、天文20年に信秀は流行り病で急逝した。

守山城跡

ナゴヤドーム前矢田▼地図⑤

地下鉄名城線ナゴヤドーム前矢田駅2番出口を出て、矢田からバスに乗り、矢田川橋で降りる（徒歩なら15分）。守山口の信号を左折し、二筋目を右折、ゆるい坂を登ると眼前が開けてくる。守山台地の北端である。はるかに白山が望めることもある。この台地に守山城趾の碑がある。

守山城は、大永年間（１５２０年頃）今川氏の前線基地として、織田氏の小幡・川村城に対抗して築城されたといわれている。永禄3年（1560）に起きた桶狭間の合戦の後、廃城となる。

守山城と聞いてピンと来る人は少ないだろうが、守山城は三英傑の信長・家康と密接に関係がある。守山城碑に、「天文年間松平清康尾州ヲ略セント欲シ此地ニ陣シ偶《たまたま》臣下ノ為メニ殺セラレ後織田信秀ニ属シ其ノ支族ハ数世之ニ居ル」と刻まれている。つまり、徳川家康の祖父松平清康が天文4年（1535）12月、三河一円を攻略し、その勢いをもって尾張をも攻略せんと守山に布陣したおり、誤って家臣に切り殺され、松平勢は崩れて三河に落ちていった。その後、この城は織田方の支城となる。松平家はこれを境に忍従の時代が始まったという。

弘治元年（1555）6月、守山城主織田孫十郎信次が、竜泉寺下松川渡しで川狩のところ、目前に馬を乗り入れた若者を懲らしめんと家臣が弓を射掛けた。これが、折悪しく命中し落馬。落命したのは信長の弟喜六郎秀孝であった。驚いた孫十郎信次は、信長の勘気を恐れ、そのまま逃げた。

信長は守山口に駆けつけ、「孫十郎は、何れへか逐電し、城下は秀孝兄の勘十郎信行が悉く焼き尽くした」と知らされたが、「信長の弟たるものが、供もつけず一騎駆けなど正気の沙汰でない。もし、生きていたとしても許されぬことであろう」と、秀孝の落度を指摘してそのまま清須に帰ったという。

守山城趾の碑

尾張藩矢田河原砲場

ナゴヤドーム前矢田▼地図⑤

近くの尾張藩の砲場跡も確かめてみよう。旧矢田川（明和の洪水前）の長母《ちょうぼ》寺南の川原から、

長母寺

約3km上流の現在の千代田橋あたりまでである。川幅も広く真っ直ぐで、大筒・鉄砲の試射・調練には、ベストであったようだ。長距離砲の大筒・火矢筒・鉄砲の修練場として使用されたという。最初は稲富家の調練場だったが、記録上では早々と尾張藩の調練場になったようだ。

名鉄瀬戸線の鉄橋の下あたりから上流方向を見てみよう。まさしく真っ直ぐな地形で、海岸でもなかなかこのような環境は得られないだろう。稲富一夢《いなどめいちむ》（稲富流祖）が、慶安3年（1650）に拝領した地（矢田川橋上流右岸側）に鉄砲稽古場を開いたことに始まる。

その後万治2年（1659）尾張藩の公式長距離射撃訓練場に整備され、幕末まで使用された。三大砲場（相州弓ヶ浜砲場・泉州堺の七堂浜砲場）の一つとして有名であった。

長母寺

ナゴヤドーム前矢田▼地図⑤

矢田川を挟んで守山城の対岸に長母寺がある。矢田川の堤防道路を西に向かい木ヶ崎公園の北側である。長母寺は承久《じょうきゅう》の乱（1221）で後鳥羽上皇方に従った山田次郎重忠《しげただ》が、治承3年（1179）に母のために建立した。初めは亀鏡山桃尾寺と称し、天台宗の寺であったが、のちに寺門が衰えたのを、弘長2年（1262）山田道円坊が再興。臨済宗に改めて無住国師《むじゅうこくし》を招じて開山とし、霊鷲山《りょうじゅさん》長母寺と称するようになった。

無住はこの寺で50年を過ごし、『沙石集《しゃせきしゅう》』に代表される多くの著作を残した。また無住は寺領味鋺《あじま》村の農民に万歳を教えたと伝えられ、長母寺は尾張万歳《おわりまんざい》発祥の地とされている。山田重忠は、同じく兄のために長慶寺（昔は長兄寺：守山区小幡）、父のために長父寺（守山区秦江：現存せず）などを建立した。

山田天満宮　山田重忠旧里の碑

大曽根▼地図⑤

バス停長母寺前からバスで大曽根まで行こう（徒歩なら10分）。JR高架線路の西側を北に向かって歩くと、5本目の筋の左向こうに山田天満宮がある。山田天満宮の西の道を100mぐらい北へ行ったところが山田幼稚園だ。黄檗宗《おうばくしゅう》の大應山廣福禅寺という寺が経営している。この正門の前に山田重忠旧里の碑が建てられている。園内の運動場の片隅にはもう一つ立派な山田重忠の顕彰碑がある。

もともとこの山田幼稚園の東側の一角に金神社があったが、祀る人がいなくなり、金神社は山田天満宮に移されている。その境内にあったのが重忠の顕彰碑である。

このあたりは、古代の律令時代には、尾張八郡のうち山田郡が置かれていた。山田町はこの古代の地名からきている。山田郡の範囲は、現在の名古屋市の北区・守山区・千種区・名東区あたり一帯から尾張旭市・瀬戸市・長久手町まで含むかなり広い範囲であった。庄内川左岸および矢田川流域一帯を指すものと思われる。

山田氏は源満政（父源経基）の流れの源氏である。拠点があったのは美濃で、山田重忠の

山田重忠旧里の碑

山田天満宮

祖父重直の代に山田荘に拠点を移し、山田氏を名のったものと思われる。

志賀公園・平手政秀邸址

黒川▼地図⑥

地下鉄大曽根駅から黒川駅へ。黒川駅2番出口を出て西に向かう。城見町の信号交差点を右折し北に進み、志賀公園南の交差点を左折すると志賀公園である。公園の中央に平手政秀邸址の碑が建っている。

志賀の地は弥生時代以来海人《あま》族が居住し、式内の綿神社（綿はワダツミから転化）も残る歴史のある地である（「05　名古屋の古代を探る」参照）。ここに戦国時代の末、平手政秀が館を構えた。平手政秀は明応元年（1492）生まれ。織田信秀・織田信長の2代に仕え、歌道・茶道に通じていた風流人である。信長の傅役《もりやく》となり後見した。うつけ者といわれた信長の奇行に手を焼きつつも根気よく諭し常々諫めたという。信秀が死去して織田家中が不穏となった時、通説では信長を諫めるためこの地で自刃したとされる。天文22年（1553）のことである。

享和2年（1802）尾張藩有志により、平手政秀の忠誠を永く伝えようと彰徳碑が建てられた。大正5年（1916）愛知県が平手政秀邸址であると証する石碑を建てた。昭和5年（1930）には、西志賀区画整理組合が志賀公園を造成し、昭和9年に名古屋市に寄贈し今日に至っている。

那古野城跡

市役所▼地図②

黒川駅まで戻り、地下鉄で市役所駅まで移動する。市役所駅7番出口を出て北に向かい、名古屋城東門から名古屋城へ入場する。二の丸庭園の南側に那古野城跡の碑がある。

そもそもの那古野城は、大永年間（1521-1528）に、今川氏親《うじちか》（義元の父）が築いたものである。今川氏親は一族の氏豊を守将として入れていたが、天文7年（1538）、当時勝幡城にいた織田信秀が、奇策により奪取したといわれる。

その後、信秀はこの那古野城に移り、天文15年（1546）、織田信長を那古野城主として、みずからは居城を古渡城に移している。宿老の林新五郎・平手政秀・

平手政秀邸址

那古野城跡（名古屋城二の丸内）

末森城（城山八幡宮内）

城山八幡宮

青山与三右衛門・内藤勝介らが付けられた。

なお、信長時代の那古野城は、近世名古屋城の二の丸に位置していたといわれるが、最近の三の丸の発掘調査では中世の遺構も出てきており、三の丸にもおよんでいた可能性がある。

弘治元年（1555）、信長が清須城の織田氏を滅ぼし本城を移すと、守山城から一族の信光（信秀の弟）が入城し守ったが、信光の死後林佐渡守らが守将となり、やがて廃城となった。

末森城跡

覚王山▼地図⑦

地下鉄覚王山駅2番出口を出て、東へ歩き末盛通3丁目の交差点を渡り、北へ向かい2筋目を右折。東に向かい坂道を上っていくと城山八幡宮に出る。八幡宮の鳥居の南側に末森城跡の碑が建っている。

天文17年（1548）織田信秀が駿河今川氏の侵攻に備えて築城したもので、実弟織田信光が城主の守山城とともに東方防御線を構成したものである。信秀は天文20年（1551）当城で病を得て死んだという。城主には信長の弟信行をあてた。

末森城は西三河岩崎からの山越隘路（現在の東山通）を見下ろす東山丘陵の標高43mの丘に位置し、東西約200m、南北約160mの規模で築城された平山城である。遺構は深さ7mほどの堀跡など、よく残っている。信行は永禄元年（1558）清須城で信長に誘殺された。以来末森城には主なく、ついに廃城となった。

城址の西北山麓に信秀の廟山があったが、現在は信行が父信秀の菩提を弔うために建立した桃巌寺《とうがんじ》（千種区四谷通）に移され、信行とともに祀られている。

下社城址

上社▼地図⑪

城山八幡宮の石段を降り、本山駅に向かう。本山駅から地下鉄上社駅で降りて4番出口を出る。西に向かい、環状2号線に沿って南にしばらく歩く。名東郵便局東を過ぎ、3筋目を左折し坂道を上っていくと高台の上に明徳寺がある。下社《しもやしろ》城址である。

城の遺構らしきものは残されていないが、周囲をはるかに見渡せる立地は戦国の城跡としては肯ける場所である。

明徳寺山門の両脇には、下社城址、柴田勝家公誕生地それぞれの碑が建てられている。柴田勝家は、大永2年（1522）この地に生まれた（生年には異説がある）。父は柴田勝義。柴田氏の出自は不明ながら、守護斯波氏に連関した一族とされている。

勝家は、天文21年（1552）に織田信秀が死去すると、子の織田信勝（信行）に仕えた。弘治2年（1556）稲生《いのう》の戦いで信長に敗れた。弘治3年（1557）に信勝が謀反の計画に際し、信長に事前に密告したとされており、信勝は自刃に追いやられている。

以後、信長の美濃斎藤氏攻め、上洛作戦、畿内平定戦などでは常に織田軍の先鋒として参加し、信長の重臣中の重臣として数々の武功を挙げた。朝倉氏滅亡後、越前を支配していた一向一揆平定に功績を立て、越前国北ノ庄（現福井市）を与えられたため、下社城は廃城となった。

本能寺の変後の明智光秀討伐では羽柴秀吉の後塵を拝し、清須会議後は秀吉に立場を逆転され、両者の対立は決定的なものになる。そして、天正11年（1583）に賤《しずが》ヶ岳《たけ》で秀吉に敗れ、居城越前北ノ庄城で自害して果てた。

下社城址（明徳寺内）

Column　都々逸発祥の地

熱田裁断橋の姥堂に都々逸発祥の地の碑がある。寛政12年（1800）宮の宿の東に鶏飯屋という茶店があり、鶏飯にしじみ汁を添えて売り出していた。店頭でお仲、お亀という女たちが美声を張り上げてうたった歌が評判になった。関東の潮来節に似せた神戸《ごうど》節で、歌の終わりに囃子ことば「どいつじゃ」「どいつじゃ」が熱田らしい訛りによって、「ドドイツ・ドイドイ」とかわり、ドドイツ節と呼ばれるようになったという。宮の宿で遊んだ旅人たちによって、江戸まで伝わり、初代の都々逸坊扇歌（1804 － 1852年）によって芸能として大成される。基本は七・七・七・五の音数律である。「都々逸」の名で民衆歌謡として全国へ広がり、愛好家を増やしていった。世に知られた「都々逸」の作品をあげてみよう。

恋に焦がれて 鳴く蝉よりも 鳴かぬ蛍が 身を焦がす
三千世界の鴉を殺し ぬしと朝寝がしてみたい（高杉晋作？）
逢うて別れて 別れて逢うて 末は野の風 秋の風（井伊直弼）
立てば芍薬座れば牡丹　歩く姿は百合の花

（中山正秋）

07 武将たちの足跡をめぐる②

名古屋の生んだ数々の戦国武将たちの遺跡をめぐってみよう。前田利家・豊臣秀吉・丹羽長秀・加藤清正など、今なお地域の人々に敬愛されている武将たちである。

中村公園駅前の大鳥居

通常料金でめぐると…1,590円

エコキップで行けば…990円お得！

●コース

地下鉄 栄▶高畑
荒子観音▶荒子城跡

地下鉄 高畑▶中村公園
太閤生誕地・豊国神社▶秀吉清正記念館▶妙行寺

地下鉄 中村公園▶丸の内
名古屋城能楽堂前加藤清正像▶名古屋城内清正石・清正公石曳き像・天守閣北東側石垣「加藤肥後守小代下総」の刻印

地下鉄 浅間町▶浄心
丹羽長秀邸跡

地下鉄 浄心▶矢場町
小林城跡▶総見寺▶万松寺

地下鉄 上前津▶東別院
古渡城趾

地下鉄 東別院▶神宮西
熱田神宮信長塀・佐久間灯籠▶徳川家康幽囚の地

地下鉄 伝馬町

荒子観音

高畑▼地図⑮

地下鉄高畑駅5番出口を出て、南に向かう。荒子《あらこ》観音西の交差点を左折し、東に向かうと荒子観音の前に出る。

荒子観音は、正式には浄海山圓龍院観音寺という。尾張四観音のひとつである。本尊は聖観音（33年に1度開扉の秘仏）。寺伝によれば、天平元年（729）泰《たい》澄《ちょう》の草創になり、天平13年（741）泰澄の弟子の自性《じしょう》が堂宇を整えたという。創建当時は中川区高畑町（現在地の西側）にあり、興廃を繰り返して現在の場所に落ち着いたと考えられる。

天文5年（1536）多宝塔が再建される。これは、多宝塔としては、名古屋市内に現存する最古のものであり国の重要文化財となっている。天正4年（1576）前田利家《としいえ》により本堂が再建される。利家は荒子の土豪の家に生まれ、北陸に所領を与えられる

荒子城跡（富士大権現天満天神宮）

荒子観音

豊国神社

まで寺の近くに荒子城を構えていたとされる。

延宝から貞享年間（1673-1688）にかけて、円空が荒子観音を数回訪れ、山門の仁王像や1200体を超える木彫仏像を残した。日本全国で現存が確認されている約4500体の円空仏のうち、実に4分の1以上が荒子観音にある。（なお、これらの円空仏は毎月第2土曜日の午後に公開、拝観料500円）。

荒子城跡

高畑▼地図⑮

荒子観音から古い立派な建物の旧家や新興の住宅が入り組んだ細い道を南西に歩いていくと、公園の東にこんもりとした杜のある神社の横にでる。富士大権現天満天神宮で、ここが前田利家の出生地といわれる荒子城跡である。

案内表示には「天文年間（1532-1555）前田利昌が築城、その長男利久、4男利家、利家の長男利長が相次いで居城。天正3年（1575）利家が越前北の庄（史実は府中説が有力）に移り、同9年（1581）利長も越前の府中（現在の武生市）に移り廃城となった。

この城は『尾陽雑誌』『古城志』などに、東西約68米、南北約50米と記され、一重堀をめぐらした、とある。

利家出生の地については、荒子城の西方、庄内川の東側に前田という地があり、西側の前田西には前田城（前田速念寺）が築かれており、そちらだという説もある。

豊国神社　秀吉清正記念館

中村公園▼地図⑮

地下鉄中村公園駅3番出口を出て、大鳥居を見ながら北に向かえば中村公園である。中村公園にある豊国神社は、明治17年（1884）当時の愛知県令国貞廉平《くにさだれんぺい》をはじめ地元の豊臣秀吉崇敬者によって、その生誕地に秀吉を祀ろうという運動が盛り上がった結果、翌明治18年に創建されたものである。

参道入口には昭和4年（1929）の名古屋市編入に際して立てられた中村の大鳥居が聳えている。高さ24mで日本一とされる。豊国神社の社殿東側には豊公誕生之地の碑が立てられているが、秀吉の生誕地は2説あり、秀吉が本当にここで生まれたかどう

清正石（名古屋城）

妙行寺

天守閣北側に「加藤肥後守小代下総」の刻印がある

清正公石曳き像（名古屋城）

かはわからない。

公園の一角に中村公園文化プラザがある。ここは、1階が中村図書館、2階が秀吉清正記念館、3階が中村文化小劇場となっている。2階の秀吉清正記念館は、現在は名古屋市博物館の分館となっている。秀吉清正記念館は、尾張中村出身のふたりの武将、豊臣秀吉と加藤清正を記念して、昭和42年に豊清二公顕彰館として開館した。平成3年（1991）に改築され、現在の名称に改めて再オープンしたものである。（月・第3金曜休、入場無料）

中村公園の東側に妙行寺がある。加藤清正が永禄5年（1562）この地に生まれたといわれる。慶長15年（1610）名古屋城築城の時、自分の誕生地に城の余材をもって妙行寺を再建したと伝えられる。

加藤清正像
清正公石曳き像

丸の内▼地図②

地下鉄丸の内駅7番出口を出て北へ向かう。中日新聞社の前を過ぎ、ホテルＫＫＲの前の歩道橋を渡った名古屋能楽堂の前の広場に加藤清正像がある。

名古屋城内には、東南隅櫓の南に清正公石曳き像がある。戦災を免れた東南隅櫓は、慶長17年（1612）の名古屋城創建当時の原型を伝える貴重な遺構である。外観は2層であるが、内部は3階となっている。屋根は入母屋本瓦葺きで鬼瓦などには葵の紋が見られる。

名古屋城築城の際の石垣工事は、加藤清正をはじめ二十余名の外様大名が担当して進められた。本丸東一之門の枡形石垣の中に、幅6ｍ、縦2・53ｍの10畳敷きの大きな石が嵌め込まれている。これが清正石である。しかし、清正石のある丁場は黒田

児玉白山社

丹羽長秀邸跡

長政の管轄であり、運んできた石をここに放置したり、もしくは黒田長政のために調達したとは考えにくい。伝承に過ぎないと思われる。

加藤清正が担当したのは天守台である。その石塁は、美しい勾配と大小さまざまな石たちの表情が見どころだ。天守閣北東側の石垣には、加藤肥後守内小代下総の刻印が印されている。

小林城跡（牧氏の墓所）

丹羽長秀邸跡

浄心▼地図②

名古屋城正門から西に向かう。朝日橋を越え地下鉄浅間町駅から乗車し、浄心駅で下車。6番出口より出て、押切公園を南に見て、押切公園西の信号の次を北に向かい児玉小学校の西側の路地を入ったところに児玉白山社があり、その南に丹羽長秀邸跡の石碑が建てられている。丹羽長秀（1535-1585）は、このあたりの児玉村の生まれである。

丹羽氏はもともと斯波《しば》氏の家臣であったが、長秀は天文19年（1550）15歳で信長に仕え、のちに織田信長の宿老の一人となった。織田家中では、信長が天正8年（1580）佐久間信盛、林通勝の両宿老を追放した後、柴田勝家・丹羽長秀・明智光秀・滝川一益・羽柴秀吉の五武将を重用するが、その中でナンバー2に位置していた。長秀は、安土城普請の総奉行を務めるなど信長を支え、信任を得ていた。

本能寺の変の後、羽柴秀吉と柴田勝家が対立した際、丹羽長秀は秀吉の側に立ち、秀吉による織田家の事業継続を諸将に認めさせる後押しをした。賤ヶ岳の戦いで秀吉が勝利を収めると、柴田勝家の旧領である越前一国と加賀の能美・江沼二郡を与えられる。123万石という大幅な加増であった。

小林城跡

矢場町▼地図③

地下鉄矢場町駅4番出口を出て南に向かう。若宮大通を越えて少し行った西側に清浄寺がある。元は小林城という城跡であった。

天文17年（1548）、織田信秀が末森城へ移ったとき、守山の川村城主だった尾張守護斯波氏の一族である牧長義《まきながよし》が築城した。その子長清が居城とし、前津小林4千石を領した。長清は織田

総見寺

信長の妹をめとったが、人々は親しみをこめて夫人を小林殿と呼んだという。長清はのちに参禅して仏門に帰依した。彼の死後、小林城は廃城となった。

その後、この地には尾張柳生《やぎゅう》連也斎の別荘となったこともあるが、元禄年間（1688-1704）城跡に清浄寺が建てられて、今日に至る。

清浄寺は現在、知恩院の末寺で、矢場地蔵として信仰を集めている。境内には芭蕉の鏡塚の南に牧氏の墓所がある。一時平和公園に移されていたが、現在は境内にある。

総見寺

上前津▼地図③

清浄寺から大津通を南に行き、赤門の信号を右折し、裏門前町通りを南に向かう。二本目を西に入った所に総見寺がある。総見寺は、もと伊勢国大島村にあった安国寺を、織田信雄が父信長の菩提のため清須の北市場へ移した寺である。

慶長15年（1610）名古屋に移転した。寛永7年（1630）焼失したが、藩主徳川義直は財貨を下賜、付家老成瀬正虎に命じて再建に当たらせた。寺宝の織田信長公画像、旧清須城障壁画、伝虎関師練頂相《こかんしれんちんぞう》などはいずれも県指定文化財になっている（非公開）。

万松寺

上前津▼地図③

総見寺の前を東に向かい、新天地通りのアーケードを南に向かえば万松寺《ばんしょうじ》である。天文9年（1540）織田信秀が現在の桜天神の地に建立した寺院である。その後名古屋城築城に際し、桜天神はそのままで万松寺のみ現在の大須に移転した。

現在の万松寺本堂前では、信長のからくり人形が毎日定時（10時、12時、14時、16時、18時）に演じられている。その内容は、梵鐘の響きと共に扉が開き、せり出した舞台中央に信長が登場。その出で立ちは茶せん巻きの髪、荒縄の帯、長束の太刀と脇差し姿である。

万松寺で行われた父信秀の葬儀のおり、焼香の場で抹香を位牌に投げつけた織田信長を再現し、信長の足元からは煙が舞い上がる。場面が変わり、永禄3年（1560）桶狭間合戦の出陣前、

信長のからくり人形（万松寺）

万松寺

信長塀

古渡城趾

清須城での下天の舞（幸若舞《こうわかまい》）を舞う信長が演じられる。「人間五十年、下天の内をくらぶれば、夢幻の如く也」（人形は八代目玉屋庄兵衛作、機械装置は愛知時計が製作している）。

古渡城趾

東別院▼地図③

地下鉄東別院駅1番出口を出て、西に向かい東本願寺別院の境内に向かう。本堂の南西に古渡城趾の碑が建てられている。古渡城は天文15年（1546）に織田信秀が築城した。信秀はそれまで今川氏豊から奪取した那古野城を居城としたが、那古野城は信長に譲り、古渡城に移る。往時は二重の堀が巡らされていたが、現在はその遺構はない。

古渡城は天文17年、信秀が大垣に出陣していた留守中に清須織田家の坂井大膳らにより城下を焼き払われた。

信秀は翌18年、これを機に今川義元に備えるため末森城を築き、城を移したので廃城になった。その跡地に東本願寺別院が建てられたのは、江戸時代の元禄5年（1692）になってからのことである。古渡の地は鎌倉街道が通り、熱田の湊にも近い。交通の要衝であるとともに、経済の中心となり得る場所であった。

信長塀

神宮西▼地図④

地下鉄神宮西駅2番出口を出て、熱田神宮に向かう。西門から入り本殿へ。本殿の前にあるのが信長塀だ。永禄3年（1560）織田信長は、尾張に侵入した駿河の今川義元軍を迎え撃つため、未明に清須城を出陣した。信長は集結した軍勢を率い、まずは熱田神宮で必勝祈願をする。熱田の東加藤家・西加藤家の援助を得て、熱田を出るときには、3000人の兵力を結集したという。

信長は卓越した情報収集力・天才的な戦略・果敢な行動力で桶狭間の戦いに勝利をおさめ、戦勝のお礼として熱田神宮に築地塀を築造・奉納した。この一部が信長塀として現存している。土と石灰を油で練り固め瓦を厚く積み重ねて、上部を桟瓦で葺いた優雅で重厚な築地塀である。瓦は神宮の敷地内で焼かれたといわれている。

兵庫県の西宮神社大練塀、京都市の三十三間堂太閤塀とともに日本三大土塀の一つにあげられている（信長塀は元亀2年〔1571〕に信長が寄進したとされている）。

正参道と東参道の交差する東南角に、佐久間灯籠と呼ばれる大灯籠がある。この燈籠の由来は、寛永7年（1630）に御器所《ごきそ》西城の城主佐久間盛次の四男勝之が、海上で台風に遭った際に、熱田神宮の守護を祈り難を免れたお礼として寄進したものという（高さ8・2m）。形も六角形

徳川家康幽囚の地

佐久間灯籠

で雄大な相をもち、江戸時代から日本三大灯籠の一つとして知られている。

三大灯籠というのは、いずれも佐久間勝之が奉納している。一つは江戸の上野東照宮にあるお化け灯篭（高さ6・8m）、もう一つは京都南禅寺三門の右前にある佐久間灯籠（高さ6m）である。

佐久間勝之は、天正10年（1582）信州高遠城攻めに初陣し功名を挙げた。はじめ叔父柴田勝家の養子となり、のちに佐々成政の娘を娶り養子となる。成政が秀吉に降伏すると、兄安政と共に関東の小田原北条氏に仕えた。

北条氏の滅亡後は豊臣秀吉に赦され、佐久間氏に復した。兄とともに蒲生《がもう》氏郷《うじさと》に仕え、出羽国手ノ子城を預かった。氏郷没後は秀吉より信濃国長沼城を賜り、秀吉の没後は、近江国山路に3000石を与えられたという。

慶長5年（1600）関が原の戦いで東軍に属し、慶長12年江戸城内に移転。その際、常陸国北条3000石を加増され、合計1万石を領して大名となった。

慶長20年、大坂夏の陣では豊臣方の将竹田永翁を討ち取る手柄を挙げる。その戦功により信濃国川中島と近江国高嶋郡の内に加増され、長沼藩1万8000石の藩祖となった。

徳川家康幽囚の地

伝馬町▼地図④

旧東海道の伝馬町東西の筋から二本南の道路沿いに、徳川家康が幼少の頃、幽閉されていたという場所がある。熱田の豪族であった加藤図書助順盛《ずしょのすけよしもり》の屋敷跡である。

このあたりの昔の地名は羽城《はじょう》といい、羽城の加藤家は、藤原氏を祖として伊勢山田で神官を務める家柄で代々図書助を名乗った。数年前まで子孫の方が住んでいらしたが、現在は屋敷地は分割され、駐車場と住宅に変わってしまった。その一画に新しく案内標識が建てられた。

天文16年（1547）松平竹千代（のちの徳川家康）は、まだ6歳であったが、今川家へ人質として差し出されることになり、岡崎から竹千代が駿府に向かう途中、渥美湾を船で横切って田原に上陸したとき、田原の領主戸田康光にあざむかれ尾張の織田氏のもとに送られた。このとき織田信秀の命により竹千代を預かり育てたのが加藤順盛である。

今川義元は、織田信秀の長子信広（信長の兄）の守る安祥城（安城市）を下し、天文18年、人質の竹千代と信広を交換させた。竹千代は2年半ぶりで岡崎に戻るが、その半月後、今度は駿府へ今川氏の人質として行かねばならなかった。

Column　二つの桶狭間古戦場跡

緑区桶狭間の幕山の東、「桶狭間古戦場公園」は、今川義元が討ち取られた古戦場といわれ、田楽坪古戦場碑、義元戦死之地碑、戦評の松碑、首洗いの泉碑が建ち、義元の墓碑「駿公墓碣《けつ》」は、豊明市の古戦場の義元碑より古くに建てられていたので、江戸時代はここが義元戦死の場所とされていた。南方の長福寺境内には「桶狭間合戦供養碑」と義元の首検分をした「今川義元首検証之跡碑」が建ち、松井氏が寄進した今川義元、松井宗信木像が安置される。

もう一つは、隣接する豊明市栄町南館の国史跡「桶狭間古戦場伝説地（史跡公園）」が古戦場跡として一般に知られている。この地は沓掛城方面に敗走する今川軍が、追撃する織田軍をここで迎撃して、多くの将兵が討ち死にした所と思われる古戦場跡ではある。ただ、今川義元が桶狭間山から沓掛城に逃れようとしたならば、この辺りで討たれたのだろう。

人見弥衛門璣邑《きゆう》が明和８年（1771）に「七石表石」を建て、一つに「今川上総介義元戦死所」、一つに「松井八郎」と刻む。文化６年（1809）には「桶狭間弔古碑」が建てられた。

江戸時代、豊明市の古戦場跡には、義元の碑や戦死者の塚も残され、東海道の脇にあることで整備され、旅人の口から桶狭間合戦の古戦場跡だと伝播し、『尾張名所図会』にも描かれるように、東海道の名所として田楽坪の古戦場跡よりも知られ、定着したものと思われる。

【異説の桶狭間古戦場伝承地】豊明市二村山（峠山）の西、藤田保健衛生大学病院を含むその東の「田楽ケ窪」も今川義元討死場所の伝承がある（『愛知県の地名23』）。『愛知県史蹟名勝天然記念物調査報告　第一巻』、「桶狭間古戦場」の項の備考に「古来異説アリ、大高と沓掛ノ約中央ナル二村山南方高地民有地ナルベシト云ヒ…」と記す。『改訂　信長公記』に、「沓掛の峠下（大学病院の西）の松の木へ大雨で楠の大木が倒れ、織田信長は雨が上がった後に、東に向って今川義元の旗本にかゝり給う」とあるので、一考すべき説ではある。（伊藤喜雄）

桶狭間今川義元血戦錦絵（伊藤喜雄蔵）

08 尾張徳川家ゆかりの地へ

尾張藩初代藩主徳川義直、2代光友以来、尾張徳川家に伝わった大名文化は徳川園に集大成されているが、それ以外にも尾張徳川家ゆかりの場所が数々あるので訪れてみよう。

通常料金でめぐると…1,260円

エコキップで行けば…660円お得!

●コース

- **地下鉄** 栄▶丸の内
  - 名古屋東照宮・明倫堂趾▶名古屋城本丸
- **バス** 市役所▶徳川美術館
  - 徳川美術館・蓬左文庫▶建中寺
- **地下鉄** 車道▶高岳
  - 高岳院▶貞祖院
- **バス** 東片端▶鶴舞公園
- **地下鉄** 鶴舞▶荒畑
  - 尾陽神社
- **地下鉄** 荒畑▶八事
  - 興正寺
- **地下鉄** 八事

名古屋城

名古屋東照宮・明倫堂址 那古野神社

丸の内▼地図②

地下鉄丸の内駅7番出口を出て北へ向かう。1本目の京町通を東に向かい、2本目の長島町通を北に向かうと右手に名古屋東照宮が見えてくる。江戸時代には名古屋城三の丸の中に建てられていたが、明治維新後に陸軍の鎮台設置とともに、明倫堂の跡地の現在地に移転した。

名古屋東照宮は、初代藩主義直が父家康の三回忌にあたる元和4年（1618）に大祭を行い、翌元和5年に現在の名古屋城内に社殿を建立したのが起源である。東照宮社殿は太平洋戦争中の空襲ですべて焼失した。現在の本殿は、かつて万松寺にあった義直の正室高原院の霊廟である。

慶安4年（1651）建立。本殿は木造、方三間、寄棟造、桟瓦葺。門は平唐門、桟瓦葺。塀は透塀、桟瓦葺。昭和35年（1960）

明倫堂趾の碑

名古屋東照宮

那古野神社

に県の重要文化財に指定されている。

名古屋東照宮の境内の南に明倫堂趾の碑が建っている。明倫堂は、天明3年（1783）九代藩主徳川宗睦《むねちか》により儒者細井平《へい》洲《しゅう》を総裁として開学された尾張藩の藩校である。明治維新により藩校としては消滅するが、明治4（1871）年に武揚学校として再スタート。明治32年に私立明倫中学校となる。

場所は東白壁町、現在の愛知商業高校の地である。大正8年（1919）には県立に移管され、昭和23年4月に新制高校の発足とともに愛知県立明倫高等学校となり、その後、県立第一高等女学校と合併し愛知県立明和高等学校となった。

名古屋東照宮の東隣は那古野《なごや》神社である。江戸時代には三之丸天王社と呼ばれ、名古屋城内三之丸に東照宮とともに祀られていた。亀尾天王社とも呼ばれたこの三之丸天王社は、名古屋城築城の慶長15年（1610）以前から鎮座しており、その創建は醍醐天皇の延喜11年（911）に遡ると伝えられる。隣には若宮社があったが、名古屋城の築城とともに現在地に移転した。

三之丸天王社は明治維新の際に須佐之男《すさのお》神社と改称され、明治9年、城内に名古屋鎮台が設置されたため、現在地に移転した。

明治32年に現在の名前の那古野神社に改称された。祭神は、須佐之男神と櫛稲田姫神。太平洋戦争中には空襲により社殿が全焼。昭和29年から復興にとりかかり、同34年に現在の社殿が完成した。

名古屋城本丸

丸の内▶地図②

産業貿易館の北の本町橋を渡り、護国神社、名城病院を経て名古屋城二の丸から名古屋城正門へ行く。

名古屋城は、尾張徳川家17代にわたる居城で、金鯱城、金城ともいう。徳川家康は慶長14年（1609）に、九男義直の尾張藩の居城として名古屋に城を築くことを決定。慶長15年、西国諸大名の助役による天下普請で築城を開始した。

普請奉行は滝川忠征《ただゆき》ら5名、作事奉行は大久保長安ら9名が任ぜられた。石垣は諸大名の分担によって築かれ、中でも最も

本丸御殿　表書院

本丸御殿

高度な技術を要した天守台石垣は加藤清正が築いた。天守は作事奉行小堀政一、大工頭中井正清と伝えられ、慶長17年までに大天守が完成する。

清須からの移住は、名古屋城下の地割・町割を実施した慶長17年頃から徳川義直が名古屋城に移った元和2年（1616）の間に行われたと思われる。この移住は清須越しと称され、家臣、町人はもとより、社寺、清須城小天守も移るという徹底的なものであった。

本丸御殿は、慶長20年に尾張藩主の居館として当時の建築技術・美術工芸の粋を集めて建設された。のちに賓客の宿泊所にあてられ、寛永11年（1634）には将軍徳川家光を迎えるための大改築がなされている。

内部は、幕府御用絵師、狩野一門により描かれた障壁画によって彩られていた。本丸御殿は用途の異なる複数棟の建物が連結して構成されていて、それぞれの建物は部屋ごとに、寝室・家臣との謁見などの用途・格式に応じて、水墨山水画や彩色花鳥画などふさわしい画題の絵で飾られていた。

しかし、昭和20年（1945）の空襲により天守閣とともに焼失。幸いにも襖や天井板絵などの多くは直前に取り外されており、難を免れた。残された障壁画は、近世城郭御殿の全貌を概観できる貴重な存在として、重要文化財に指定されている。

現存している名古屋城の最古の建造物は、西北隅櫓である。名古屋城建造の直後、元和5年頃建てられたもので、戦災の被害を受けず建造当時の姿をそのまま伝えている貴重な櫓である。構造は三層三階。屋根は、入母屋本瓦葺。清須櫓とも呼ばれる（「04　堀川の歴史を歩く」参照）。（年末・年始休園、観覧料５００円）

徳川園黒門

徳川美術館・蓬左文庫

大曽根▼地図①

名古屋城正門前からメーグル（なごや観光ルートバス、1乗車２１０円）に乗車か、あるいは市役所前から基幹バスルートで徳川美術館南まで乗車。徳川美術館正面入り口の黒門は、明治33年（1900）に完成した尾張徳川家の邸宅の遺構で、総けやき造りの三間薬医門である。連続

蓬左文庫

徳川美術館

建中寺御成門

する脇長屋と塀を含めて、昭和20年（1945）の大空襲による焼失の被害を免れた数少ない遺産であり、武家屋敷の面影を伝える貴重な建造物群である。

門をくぐると正面に徳川美術館、右手に蓬左《ほうさ》文庫の建物が見える。左手は徳川園である。尾張徳川家に伝わった貴重な大名家の収蔵品は、尾張徳川家第19代徳川義親《よしちか》により、昭和6年（1931）に設立された財団法人尾張徳川黎明会《れいめい》（その後、財団法人徳川黎明会と改称）が管理したことにより散逸を免れた。

徳川美術館には、源氏物語絵巻をはじめとする国宝や重要文化財に指定された数々の名品が収蔵されている。（月曜休、徳川園・蓬左文庫共通観覧料1200円）

また、尾張家伝来の古文書や書籍類は昭和25年、名古屋市に移管され、隣接する蓬左文庫に収蔵されている。名古屋市博物館開館にともない、昭和53年からはその分館となっている。

蓬左文庫は、元和2年（1616）徳川家康の死後、駿河御譲本と呼ばれる家康の蔵書3000冊が尾張家に譲られ、これを契機に尾張藩の御文庫が形成された。御文庫の蔵書は、歴代藩主の書物収集を中心にその蔵書を拡大し、幕末期には5万点の蔵書数となっていた。江戸時代を通じ、尾張藩の御文庫は質量ともに我が国屈指の大名文庫であった。現在の蔵書数は約11万点。

建中寺

東区役所▼地図①

徳川美術館南の信号を渡り、南に行く。東海学園を西に見て進み、建中寺東の交差点を西に向かう。建中寺幼稚園の西側に葵の紋のついた建中寺の御成門がある。四脚平唐門である。

その向こうに立つ巨大な三門は、建中寺創建当時の建物で慶安5年（1652）に建立されたものである。総檜造りの三間一戸二重門、入母屋造りである。三門とは、空門・無相門・無願門の三解脱門の意味をもち、仏教の覚りの境地を表すものである。

三門の南はかつては塔頭が立ち並んでいたが、現在は建中寺公園となっており、その向こうに総門がそびえ立っている。総門は三間薬医門、両脇築地塀付で、創建当時のものである。

建中寺は、慶安4年（1651）

建中寺本堂

建中寺光友公霊廟

２代尾張藩主徳川光友《みつとも》が、父である初代藩主義直の菩提を弔うために建立した浄土宗の寺で、尾張徳川家の菩提寺となった。天明５年（1785）の大火災で総門・三門などを除く多数の建物が焼失するが、翌年から翌々年にかけて再建されている。

本堂は、天明７年に再建された。入母屋造り本瓦葺で、格調高く古式を保っている。

間口15間（27ｍ）奥行14間（25.2ｍ）建坪２１０坪（７００㎡）の巨大な木造建築で、現在名古屋市内の木造建築物としては最大のものである。

本尊阿弥陀如来は、開山廓呑《かくどん》上人が結城弘経寺から招来したもの（伝止利仏師）。大火の時にもいち早く持ち出して被災を免れた。

鐘楼も天明７年の再建で、入母屋造り本瓦葺、台形の袴腰つきの建築様式、５００貫の（１９２３kg）の梵鐘が吊るされている。梵鐘には林道春（羅山）の銘が刻まれていたため、戦時中の供出を免れ、現在まで伝えられた。

経蔵は、文政11年（1828）創建。一重もこし付、宝形造り本瓦葺。内部に精密な八画輪蔵を安置する。内部の八画輪蔵内には鉄眼禅師開版の黄檗《おうばく》版大蔵経５８００巻が納められている。

本堂奥の徳川家霊廟は県指定有形文化財、総門・三門・鐘楼・御成門・本堂・経堂・開山堂・源正公廟は市指定有形文化財、徳興殿は国登録有形文化財となっている。

高岳院

高岳▼地図①

建中寺公園を抜け、筒井町商店街を東に向かう。信号交差点を南に向かい、愛知大学車道《くるまみち》校舎を右手に見ながら桜通の交差点を左折すると、地下鉄車道駅である。地下鉄高岳《たかおか》駅１番出口を出て、東へ行きすぐ左折し、北に向かうと１本目の交差点の北西角に高岳院《こうがくいん》がある。

高岳院は広大な敷地をもつ大寺院であったが、戦災で焼け、現在は敷地のほとんどを失った。徳川家康の信頼の厚かった忠臣平岩親吉《ちかよし》には嗣子《しし》がなく、家康の八男仙千代《せんちよ》を養子とした。しかし仙千代は早逝。親吉は所領のあった甲斐の国の教安寺を菩提寺として仙千代を弔った。

慶長８年（1603）親吉は、家

高岳院

貞祖院の格天井

貞祖院

康の九男にあたる徳川義直の後見人となる。義直が慶長11年に尾張徳川氏を継ぐと、親吉も義直付の家老として尾張に移り、犬山に12万石を領した。その際、仙千代の菩提寺を清須に移した。さらに慶長16年の清須越しで現在地に移転し、仙千代の法名高岳院殿にちなみ寺名を高岳院と改めた。

　だが、親吉もこの年の暮れに亡くなり平田院《へいでんいん》に葬られた。平岩氏は親吉の死をもって断絶してしまうが、そのゆかりの高岳院・平田院は、尾張藩により厚く保護された。

　高岳院の山門は、清須城黒門を移築したもので戦前には国宝に指定されていたが、戦災で焼失。平田院があったところは、平田町として地名に残っている。

貞祖院

高岳▼地図①

高岳院から東に向かい広い通りに突き当たったら左折し、次の信号交差点を北東に渡り、東に1本目を左折すると貞祖院《ていそいん》がある。明治5年（1872）に建中寺にあった尾張藩5代藩主五郎太の霊廟の本殿を譲り受け、本堂とした。五郎太の霊廟として建立されたのは正徳4年（1714）だが、天明の大火で焼失を間逃れ霊仙院の御霊屋として模様替えされたものである。

　貞祖院は、慶長13年（1608）清須城主であった徳川家康の四男松平忠吉の養母で於美津《おみつ》の方（押加茂《おしかも》城主、松平忠久の娘）が、松平忠吉の菩提を弔うため、清須に庵室を結んだことが起源である。その後、忠吉の戒名、性高院殿憲瑩玄白大禅定門から玄白寺と号した。慶長15年には於美津の方が亡くなり、その戒名喜秀院殿光誉貞祖大禅定尼より、喜秀山貞祖院玄白寺と号すようになった。その翌年、清須越しにより現在地に移る。

　天明2年（1782）の大火により焼失し、以後明治5年まで仮本堂のままであった。本堂は、木造入母屋造り桟瓦葺向拝付、総漆塗、柱は円柱で斗組は出組、来迎柱の前に禅宗様須弥壇《しゅみだん》を置いている。外陣は格天井《ごうてんじょう》、内陣は折上《おりあげ》格天井とし漆塗や極彩色を遺している。内陣の格天井は菊の紋が描かれているが、そのうち15桝には葵の紋が入れてある。

　江戸時代における地方大名の霊廟建築として建中寺内現存のものとともに歴史的価値が高く、名古屋市内における江戸時代建築の代表的な遺構となる。

尾陽神社

荒畑▼地図③

地下鉄荒畑駅4番出口を出て、西に向かい龍興寺と瑞雲保育園の角を左折し、2本目の交差点を右折して西に行くと、右手に尾陽神社がある。尾陽神社の起こりは、尾張藩祖徳川義直《よしなお》を代々の尾張藩主が名古屋城内で

尾陽神社

祀っていた尾張徳川家の邸内社であったようだ。

　これを基に、明治43年（1910）徳川義直と最後の尾張藩主である徳川慶勝《よしかつ》を祭神として尾陽神社が創建された。当初は、明治になって明倫堂跡地に遷座した東照宮に合祀されていたが、大正11年（1922）名古屋開府３００年を記念して、現在の御器所の地に新たに社殿が創建されたのである。

興正寺五重塔

　戦後の昭和24年（1949）に、天照大御神を主祭神に迎えている。祭神である徳川義直命は、家内安全・商売繁盛の神として、徳川慶勝命は、平和の神として信仰の対象とされているようだ。

　この場所は、嘉吉年間（1441-44）、佐久間美作守家勝が築城した御器所西城跡である。四方に堀を構え、土居を巡らした。北側は断崖に臨む要害。

　家勝の数代後の盛次は織田信長に仕え、柴田勝家の妹を妻とした。その間に生まれたのが御器所西城主と伊勝城主となった佐久間盛政である。盛政は賤ケ《しずが》岳《たけ》の戦いで敗れ、京都で斬殺されたため廃城となった。

　正面の大鳥居は、昭和2年に旧尾張藩士が奉納したものである。すり減ってはいるが奉納した旧藩士の名が読める。

　また、正面の立派な神門は名古屋城の門を移したと伝わり、老朽化により遷座75年を記念して、平成8年（1996）に復元された（葵紋の金具は旧門のもの）。主材料として用いられたオガタマノキは、樹齢１３００年、幹の直径約１・５ｍを越える巨木だという。オガタマノキは古くから神さまへのお供えに使われた最も神聖な樹木といわれ、その歴史は榊よりも古い。

　尾陽神社の御神木もオガタマノキである。境内には学問・芸能の神さまである九延彦《くえひこ》神社がある。九延彦命は大国主命の知恵袋といわれる人物で、受験シーズンは多くの人が訪れる。

　ちなみにこの九延彦神社の社殿は、約２００年前に奈良・春日神社の本殿だったもので、大阪府枚方市の山田神社から寄贈されたものである。

興正寺

八事▼地図⑧

　地下鉄八事駅1番出口を出て、道路に沿って北西に向かうと興正寺の山門の前に出る。山門を入ると参道があり、その正面に、国の重要文化財に指定されている五重塔がある。県内唯一の五重塔である。

興正寺七世真隆が発願し、浄財を集め文化5年（1808）に完成した。本瓦葺、高さ30m、初層3・93m角の小規模な塔で塔身が細長く、相輪が短い点で江戸時代後期の特徴を示している。心柱が心礎上に立つなど古式を伝える塔は、基壇の上に建ち、縁がない。中央間は尾張徳川家の家紋入り桟唐戸、脇間連子窓である。

興正寺は、天瑞圓照《てんずいえんしょう》和尚により貞亨5年（1688）に創建された真言宗の寺である。高野山金剛峰寺の末寺でもあるため、尾張高野とも呼ばれる。尾張藩2代藩主光友の手厚い保護を受けた。本尊の大日如来は、光友の発願により元禄10年（1697）造像されたものである。

山内は高野山を模してつくられ、東山遍照院、西山普門院に分かれている。女人禁制とされた東山には、光友の代に大師堂・不動堂などが建てられ、西山には、阿弥陀堂・観音堂などが建てられた。江戸時代まで東山と西山を分けていた中門は、明治の女人禁制廃止後、五重塔前に移された。

興正寺本堂は、寛延3年（1750）阿弥陀堂として建立され、現在の西山の本堂である。真言念仏を専らとするために建てられた。

毎月5日と13日に縁日が立つ。南側に拡がる興正寺公園は、緑に恵まれ散策するのにちょうどよい場所である。（総門・中門・五重塔は、名・重建）

興正寺本堂

Column 清須街道の道標――文化のみち二葉館

文化のみち二葉館に「是ら江戸道」と刻まれた道標がある。『金城温古録』『松濤棹筆』『袂草』などの記述や図から名古屋最古の道標と推測される。

設置されていた場所は那古野村（名古屋城三の丸）の中央を東西に通っていた清須街道（上市場街道）が村を東に出外れた最初の四ツ角、現在の市政資料館交差点東南角辺りと考えられる。北と西から来る人のために立てられたものである。設置された時期は、徳川家康が幕府を開いた慶長8年（1603）から同12年頃。同19年に三の丸の土塁と堀が完成するので清須街道は分断され、その役割を終える。その後、道標は主税町筋の山高家（山高家の先住者の屋敷内）に持ち込まれて踏石や庭石等に使われて伝えられて来たことを、朝岡宇朝が『袂草』に記している。山高氏の子孫が、昭和55年（1980）に守山区大森に引っ越された時に持って行かれたが、平成16年、名古屋市に寄贈され、文化のみち二葉館の中庭に移設された。（写真は本書72ページ）（伊藤嘉雄）

09 江戸の面影を求めて

寺社以外に名古屋市内に残っている江戸時代の面影を残すものは極めて少ないが、武家屋敷の門や町屋、道標や石造物で往時を偲んでみよう。

川伊藤家

通常料金でめぐると…1,970円

エコキップで行けば…**1,370円お得!**

●コース

- **地下鉄 栄▶星ヶ丘**
  - 旧兼松家長屋門・也有園
- **地下鉄 星ヶ丘▶車道**
  - 建中寺
- **バス 山口町▶白壁**
  - 主税町長屋門▶朝日文左衛門宅址▶文化のみち二葉館
- **バス 白壁▶市役所**
- **地下鉄 市役所▶国際センター**
  - 川伊藤家・五条橋
- **地下鉄 丸の内▶浄心**
  - 旧志水家玄関車寄せ
- **地下鉄 浄心▶東別院**
  - 栄国寺・切支丹遺蹟博物館
- **地下鉄 東別院▶金山**
  - 佐屋街道道標▶住吉神社
- **地下鉄 金山▶伝馬町**
  - 熱田宿道標・ほうろく地蔵▶裁断橋・姥堂
- **地下鉄 伝馬町**

旧兼松家長屋門 也有園

星ヶ丘▼地図⑫

地下鉄星ヶ丘駅6番出口を出て、星ヶ丘テラスを抜け、菊里高校に沿って坂道を上っていくと東山植物園の入口にいたる。植物園の中ほどにある也《や》有《ゆう》園の西側に旧兼松家武家屋敷門が移築されている。

元は建中寺の南の水筒先町にあった旧尾張藩士兼松家の長屋門である。木造平屋建、桟瓦葺、寄棟造。中央に板扉を設け、脇にくぐり戸が付いている。左右には部屋があり、出格子付番所がある。

建築年代は江戸末期と思われ、江戸時代の旧藩士屋敷門としては、比較的格式の高い部類に属する。ちなみに兼松家の先祖又四郎正吉は、信長・秀吉・家康に仕え、家康麾《き》下《か》七騎の一人として知られている。水筒先に屋敷地を拝領したのは1700年

也有園

旧兼松家長屋門

代の初め頃のようだが、幕末の屋敷地図にも記載されているように、代々尾張藩に仕えて明治維新を迎えている。

また、也有園は、江戸中期の尾張の俳人横井也有の遺徳をしのび、也有にゆかりの深いたくさんの植物を植えて、それぞれにちなんだ也有の俳句を添えてあり、散策を楽しめるようにつくられている。

建中寺三門

建中寺

車道▼地図①

地下鉄星ヶ丘駅から今池駅で桜通線に乗り換え、車道駅で降りる。1番出口を出て、すぐ右折し北に向かう。愛知大学車道校舎を見上げながら最初の信号交差点を左折し、筒井商店街を抜けると建中寺の総門がそびえ立っている。

総門は慶安5年（1652）建立。建中寺公園を抜けるとどっしりとした三門がある。総門と同じ慶安5年建立。本堂は、天明7年（1787）建立。本堂の西の源正公（2代藩主光友《みつとも》）廟は、元禄14年（1701）建立。三門東の御成門は、正徳4年（1714）建立。鐘楼は、天明7年（1787）建立。経蔵は、文政11年（1828）建立など、江戸時代の建築物を見ることができる。いずれも名古屋市指定有形文化財である（詳細は「08 尾張徳川家ゆかりの地へ」参照）。

主税町長屋門 朝日文左衛門宅址

白壁▼地図①

建中寺三門から西に向かい、東区役所南の信号交差点を右折。山口町からバスに乗って白壁で降りよう。バス停から西に向かい白壁の信号交差点を左折、南に向かって信号2つ目を左折すると主税町《ちからまち》長屋門がある。

文化のみちに指定された白

主税町長屋門

壁・主税・橦木地区で唯一残っている江戸時代の遺構が主税町長屋門である。武家屋敷の長屋門としての特徴である武者窓（出格子付番所）が付いている。建築年代は不明だが、江戸中期には平岩氏、幕末には室賀氏の名が城下絵図に記載されている。明治期に第三師団長官舎となり、桂園時代で有名な総理大臣に3度就任した桂太郎が、師団長として住んでいたことがある。

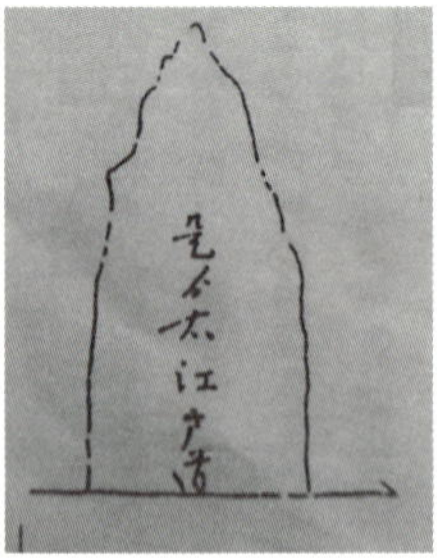
「松濤棹筆」に描かれた道標図（本書69ページ参照）

二葉館に移設された江戸初期の道標

現在は、都市再生機構が管理し、集会室やイベントに使用できるようになっている。

主税町長屋門から戻り信号交差点のあたり、太閤本店の前の道路となっている位置に江戸時代の尾張藩士で『鸚鵡籠中記《おうむろうちゅうき》』を記した朝日文左衛門の屋敷があった。

朝日文左衛門は、延宝2年（1674）の生まれ。父重村は、尾張徳川家御天守鍵奉行で知行百石であった。文左衛門は、元禄13年（1700）27歳の時、御畳奉《おたたみぶ》行《ぎょう》となった（役料40俵）。元禄4年（1691）から日記を書き始め、享保2年（1717）まで、26年8カ月にわたり、37冊の膨大な日記『鸚鵡籠中記』を残した。文左衛門は、享保3年（1718）に享年45歳で没している。

そこから南に行くと文化のみち二葉館である（二葉館については「01 近代建築を探る」参照）。文化のみち二葉館の中庭に江戸時代はじめの古い道標がある。道標には、「是より右江戸道」と彫られている。

もともとは名古屋市市政資料館の東南の交差点の東（主税町筋）にあった山高《やまたか》家に伝えられたものである。名古屋市に寄託され、文化のみち二葉館に移設された。名古屋城が築城される以前の道標で、那古野村の清須街道に設置されたものと推測される。

川伊藤家・五条橋

国際センター▼地図②

白壁から基幹バスで市役所まで行き、地下鉄に乗り換え国際センター駅で下車。2番出口を出て、東へ向かい堀川の手前を北に向かうと古い格子の町屋が見えてくる。清須越商人の川伊藤家である。碁盤割商人街の伊藤家（松坂屋）と区別する意味で、川伊藤家と呼ばれる。

川伊藤家は、慶長19年（1614）西区大船町に移住した清須越十人衆の商人で、現在の伊藤家は享保4年（1719）に本家から分かれ現在地に移住した。炭薪商から、味噌商売のほか穀物問屋をはじめ、尾張藩の御用商人として栄えた。穀物問屋を中心に、藤高新田など名古屋南部の新田開発の経営で繁栄し、戦後の農地解放まで250町歩の大地主であった。屋敷は堀川商人の典型で、その規模は間口が約15間（27m）、奥行きが四間道まで、20間（約36m）で、特に、その蔵は青木家と並び壮麗な四間道の景観を見せている。

現在ある住居は木造瓦葺、平屋一部二階建ての町屋造り。江戸時代の中頃から三期にわたって、追加普請がされている。江戸中期の住居と、元禄頃の防火建築の典型としての土蔵は、昭和39年（1964）から名古屋市の文化財に指定されている。

堀川に架かる五条橋を渡って、東に行けば地下鉄丸の内駅である（五条橋については「04　堀

旧志水家玄関車寄せ

五条橋

川の歴史を歩く」参照)。

旧志水家玄関車寄せ

浄心▼地図②

地下鉄浄心駅で下車。6番出口を出よう。押切公園を南に見て、押切公園西の信号の次を北に向かい1本目の路地を左折。西に行ったところに大矢《おおや》家がある。

東向きに立派な門が現れる。明治初年に名古屋城三の丸内(能楽堂西側幅下御門近く)にあった尾張藩重臣(家老)志水《しみず》甲斐守《かいのかみ》家屋敷の玄関車寄を移築し、大矢家の表門として改造されたものである。桟瓦葺、向唐破風で素木造りという様式である。

庭内には、江戸中期から名古屋城二の丸庭園にあったと伝わる風信亭も移築されている。いずれも名古屋市文化財である。

栄国寺・切支丹遺蹟博物館

東別院▼地図③

地下鉄浄心駅から東別院駅へ向かう。1番出口から出て東別院の交差点を渡り、メーテレの前を北に向かい、下茶屋公園の角を西に向かう。下茶屋公園北側の橘公園はおためし場・腑分けの跡である。江戸時代に橘公園の地は、千本松原と呼ばれる処刑場であった。この場所で罪人を試し切りにし、新刀の切れ味を確認したのである。

名古屋で初めての腑分け(人体解剖)を行った石黒済庵《せいあん》は、尾張藩の藩医である。済庵は、本草学(薬草学・漢方医学)に長ずるとともに、蘭法医(西洋医学)としても名高かった。文政4年(1821)石黒済庵は、尾張藩で初めて腑分の許可を得て人体解剖を試みた。当日は吉雄俊蔵をはじめとする医者を中心に60人ほどの見学者が集まり、蘭書解剖図と比較しその正確さを認識したという。

東別院の北西角前の路地を入ると栄国寺・切支丹遺蹟博物館がある。

この地は城下南のはずれの地であり、尾張藩の処刑場となった。江戸幕府は慶長18年(1613)全国にキリシタンに対する禁教令を発布し宗教統制をはかった。当初尾張藩はキリシタンに対して比較的寛容であったとされるが、キリシタン宗門禁制を強調する幕府の圧力により、寛永8

栄国寺

年（1631）以来、多くのキリシタンをこの地で処刑した。寛文4年（1664）には207人のキリシタンが処刑されている。

尾張藩2代藩主徳川光友《みつとも》は、寛文5年（1665）刑場を土器野《かわらけの》（現清須市新川町）へ移し、それまでの刑死者の菩提を弔うために、清涼庵を創建した。本尊の阿弥陀如来像は、丹羽郡塔の地村の薬師寺から光友の命で移したものである。名古屋三大仏の一つで、当時から「火伏の弥陀」として厚い信仰を受けている（名古屋市重要文化財）。

清涼庵は、貞享2年（1685）清涼山栄国寺と改められた。浄土宗西山派に属する。本堂前を裏門に向かっていくと、途中に、「慶安己丑年」（1649）「施主町岡新兵衛」の刻銘のある供養塔や、キリシタンが処刑された場所に建てられた千人塚、切支丹灯籠などがある。

平成9年（1997）には、カトリック名古屋教区の司教により殉教者顕彰碑が建てられ、その碑文には尾張のキリシタンの殉教史が綴られている。

境内の堂宇を利用した切支丹遺蹟博物館は、昭和44年（1969）の開館。マリア観音や踏絵などの切支丹遺物を中心に、切支丹関係史料や南蛮紅毛美術など100点余が展示されている（月曜休、入館料100円）。

佐屋街道道標

金山▼地図③

地下鉄金山駅4番出口を出て、金山総合駅の南口に向かい、通りを西に向かう。グランコートホテルを過ぎて金山新橋南の交差点の西南角に佐屋街道道標が残されている。

東面には「東　右なごや　木曽海道」、西面には「西　左なごや道　右宮海道」、南面には「左さや海道　つしま道」、北面には「文政四年巳年六月佐屋旅籠屋」とある。文政四年巳年は西暦1821年である。「佐屋旅籠屋」というのは、この石碑を建てたスポンサーである。この道標は、佐屋宿へどうぞお出でくださいという旅人への案内広告だ。七里の渡しを船で行くのではなく、ゆっくり歩いて、安全な佐屋街道を利用してくださいということである（佐屋街道については「11　なごやの街道散策」参照）。

佐屋街道道標

住吉神社

金山▼地図③

佐屋街道道標を南に行き、新尾頭の交差点を西に向かうと石垣の上に住吉神社が見えてくる。この場所は、名古屋台地の西側の縁辺であり、江戸時代には眺望のよい名古屋の景勝地として多くの人が訪れたところであった。現在では南側と西側に大きな道路が走り、また住吉神社の西南には大きなビルが建ち、眺望のよさを示す往時の面影はない。

住吉神社の社記には、「享保19年（1734）に摂州の住吉神を勧請した。当初は、新尾頭町道筋東側の小堂内に奉安した。宝暦12年（1762）にいたって社域を現所にさだめ、大坂廻船名古屋荷主の笹屋惣七、藤倉屋長六ら極印講中12名が、運漕守護のため社殿を創建して神儀を奉遷した。後に江戸廻船講中時田金右衛門らも信者に加わり修営をおこたらなかった。その威霊は遠く伊勢・知多・熊野の沿岸にもおよんだ」とある。

住吉神社の狛犬と常夜灯

住吉神社

境内本殿前の狛犬は、名古屋市内に残存するもので最も古いものだ。狛犬が奉献されたのは寛政元年（1789）。吽《うん》形の狛犬の頭頂には角がある。阿形には角がないが、本来は狛犬とは言わずに獅子という。

また立派な常夜灯が2対あり、一つは大坂廻船名古屋荷主が奉献したもの。こちらには、安永7年（1778）、8年の刻銘がある。もう一つは、野間一色村講中によるもので寛政元年（1789）の刻銘がある。狛犬の奉献と同じ年である。

熱田宿道標

伝馬町▼地図④

地下鉄で金山駅から伝馬町駅に行く。4番出口を出て大通りを南に行き、1本目を右折すると旧東海道である。T字路にぶつかる南東の角に寛政2年（1790）に建てられた道標が残っている。東の面に「北　佐屋津島美濃道」、西の面に「東　江戸街道　北　なごや道木曽」、北の面に「南　京伊勢七里の渡し　ここより熱田北御本社まで二丁道」とある。

熱田宿は宮の宿とも呼ばれ、家屋2900軒余（東海道宿場中3番目）、人口1万2000人余（同3番目）、旅籠248軒（同1番目）、本陣2軒、脇本陣1軒、問屋場1カ所、船会所1カ所があった。東海道七里の渡し場、脇往還美濃街道、佐屋街道の分岐点でもあり、尾張藩の玄関として栄え、東海道有数の規模であった（熱田宿については「11　なごやの街道散策」参照）。

ほうろく地蔵

伝馬町▼地図④

道標と道を隔てた西側にほうろく地蔵の祠がある。ほうろく地蔵は、もともとは三河の重原村（現在の知立市）にあったも

熱田宿道標

旧東海道（伝馬町）

裁断橋

ほうろく地蔵

大正初年頃の姥堂と裁断橋

ので、野原の中に倒れて捨石のようになっていた。その地蔵を三河の焙烙（素焼きの平たい土鍋）売りが荷物の片方の重しとして使用し運んできたものだという。

そしてこの熱田の地で焙烙が売り切れたので、この地蔵を海辺に捨てて帰ってしまった。しばらくして地元の人が捨てられている地蔵を発見し、祀るために動かそうとしたのだが動かない。不思議に思い、その下を掘ってみると土の中から地蔵の台座が出てきた。そこでその台座とともに地蔵を掘り出してここに祀ったといういわれがある。

『尾張名所図会』には、現在、ほうろく地蔵がある場所には源太夫社《げんだゆうしゃ》があったことが記されている。東海道は、源太夫社にぶつかり、左に折れると七里の渡し、右に折れると熱田社・佐屋街道・美濃街道となる。『図会』にある源太夫社の右側には高札場があり、その右側に火の見櫓の梯子が描かれている。『図会』を子細に眺めてみると、いろいろ江戸時代の風俗がわかってきておもしろい。源太夫社は戦災で焼け、現在は熱田神宮の社地内に遷移し上知我麻《かみちかま》神社となっている。

裁断橋・姥堂

伝馬町▼地図④

旧東海道を伝馬町駅方向へ戻り、国道1号の信号を渡って再び旧東海道を東へ行くと、道の南側に姥堂《うばどう》と復元された裁断橋がある。

秀吉の小田原攻めに従軍し、18歳で病死した堀尾金助の母が33回忌の供養のために裁断橋を架け替えを計画した。橋の擬宝《ぎぼ》珠《し》に刻まれた母の思いは痛切である。

実物の擬宝珠は、現在、名古屋市博物館に保存されている。

姥堂は、「おんばこさん」と呼ばれる三途の川の脱衣婆《だつえば》の像を祀って、安産や子育ての守りとしたものである。元の姥堂は戦災で焼失し、現在は二階建ての新しい建物が建てられている。

裁断橋の旧橋桁

Column 名古屋の山車まつり

日本の祭りに山車は欠かせない。山車＝“だし”の呼称は地域によってそれぞれで、犬山地方では車山“やま”と呼んでいる。津島の天王祭りは、車楽“だんじり”、岐阜の西濃では、曳山“ひきやま”、飛騨では、屋台“やたい”と呼んでいる。

愛知県下には現在約400輌の山車かある。特に尾張地方の山車は、からくりが主役となるものが多く、そのつくりは見事である。4月の第1土・日に開催される犬山祭には、三層の車山が13輌も繰り出す。10月の第1土・日の津島の秋まつりには15輌の車楽。5年に一度開催される半田祭りでは31輌の山車が勢揃いする。

名古屋市内で山車が曳き出される祭りは次の通りである。
若宮祭り（5月15・16日、中区）唐子が倒立するからくり人形を載せた福禄寿車が、御輿の行列に加わって那古野神社まで練り歩く。筒井町・出来町天王祭（6月第1土・日、東区）神皇車・湯取車・鹿子神車・河水車・王儀之車の5輌が、からくり人形を見せながら町内を練り歩く。牛立《うしだて》天王祭（7月第4日曜、中川区）梅の木に倒立する唐子人形の牛頭天王車が斎宮社（熱田区切戸町）まで往復する。大森天王祭（8月第1日曜、守山区）古出来町から購入したと伝えられる天王車は、夕暮れには提灯に灯をいれ午後10時頃まで八剣社から瀬戸街道を曳き回される。からくりは三番捜《さんばそう》を演じる。戸田祭（10月第1土・日、中川区）八幡社・天満宮等5つの地域から同時にそれぞれ5台の山車が出る。ありまつ祭（10月第1日曜、緑区）市指定文化財の3台の山車が旧東海道を繰り出す。氷上姉子《ひかみあねこ》神社例祭（10月第1日曜、緑区）熱田神宮の摂社で、例祭当日は猩々《しょうじょう》とともに傘《さか》鉾《ぼこ》車が町内を練り歩く。富部《とべ》神社大祭（10月上旬）享保12年（1727）建造の高砂車は近来老朽化が進み曳くこともなく飾りつけのみとなっている。成海《なるみ》神社例大祭（10月3連休の日曜、緑区）豪華な彫刻と水引幕を付けた4台の山車が成海神社の神前でからくり人形を上演。広井神明社例祭（10月第2土・日、中村区）四間道から円頓寺へ二福神車・紅葉狩車・唐子車が曳き廻される。
（松永三郎）

古出来町の山車（名古屋市東区役所まちづくり推進室提供）

10 寺社めぐり

名古屋には、四観音や三天神はじめ各所に信仰を集めている寺社が数多くある。さまざまな歴史が折り重なっている寺社には、興味深い物語がたくさんつまっている。

通常料金でめぐると…1,700円
エコキップで行けば…
1,100円お得!

桃巌寺の名古屋大仏

●コース

地下鉄 栄▶本山
桃巌寺▶千代保稲荷
地下鉄 名古屋大学▶覚王山
日泰寺▶鉈薬師
地下鉄 覚王山▶高岳
東充寺（へちま薬師）
バス 高丘▶西杉町
八王子神社▶久国寺▶地蔵院▶片山神社▶長久寺
バス 白壁▶市役所
地下鉄 市役所▶矢場町
若宮八幡宮▶大須観音▶七寺
地下鉄 大須観音▶東別院
東別院
地下鉄 上前津▶西高蔵
青大悲寺▶熱田神宮・八百万神社・上知我麻神社・八剣宮
地下鉄 伝馬町

桃巌寺

本山▼地図⑦

地下鉄本山駅6番出口を出て、南に向かう。四谷通に面して曹洞宗の泉龍山桃巌寺《とうがんじ》がある。天文年間、末森城主であった織田信行（織田信長の弟）が父織田信秀《のぶひで》の菩提を弔うために末森に建立した。桃巌寺の寺号は信秀の法名桃巌道見大禅定門から取られている。

正徳4年（1714）に現在地に移された。裸弁天や歓喜仏、年に2回御開帳されるねむり弁天でも知られる。昭和62年（1987）に建立された坐高10m（台座も含めると15m）の名古屋大仏でも有名である。

千代保稲荷

本山▼地図⑦

桃巌寺からさらに四谷通を名古屋大学の方に行き、四谷通3丁目の信号交差点を東に行くと

日泰寺

千代保稲荷

千代保稲荷神社がある。千代保稲荷名古屋支所というのが正式な名称で、その名の通り「おちょぼさん」の愛称で親しまれている岐阜県海津市にある千代保稲荷の支所である。

日泰寺

覚王山▼地図⑦

地下鉄覚王山駅1番出口を出て、日泰寺参道を歩く。日泰寺は日本とタイの友好の寺だから、日・タイ寺である。元は日本と暹羅《シャム》の友好の寺として日暹《せん》寺といった。釈迦の御真骨(仏舎利)が日本でただ1カ所奉られている寺であり、全宗派の共同運営になる仏教寺院である。

日泰寺の奉安塔

1898年、英国人考古学者がインド北部ピプラーワーの古墳発掘作業中に、西暦紀元前3世紀頃の古代文字が刻み込まれた骨壺を発見した。それが釈迦の骨（仏舎利）であることが判明した。当時インドを治めていた英国政府は、この仏舎利をシャム王国（今日のタイ王国）のチュラロンコン国王に寄贈。日本の仏教徒に対してもその一部を頒与するよう、日本のシャム公使がシャム国王に懇願した結果、頒与されることになった。

日本の仏教13宗56派の管長は、使節団を派遣。明治33年(1900)バンコク王宮で国王から御真骨を拝受し、帰国後に仏骨奉安の寺院を超宗派で建立する約束をした。その際、完成時のご本尊にとシャム国宝の1000年を経た釈尊金銅仏一体を下賜《かし》された(これが日泰寺の本尊である)。

名古屋の官民一致の誘致運動が功を奏して、新寺院は名古屋に建立されることが決まった。明治37年、釈尊を表す覚王を山号とし、日本と暹羅の友好を象徴するに日暹寺の寺号をもった覚王山日暹寺が誕生した。昭和14年（1939）シャムからタイへと国名が変更されるのに伴って、昭和17年、日暹寺から日泰寺と改称された。

釈尊御真骨を安置する奉安塔は、三段の基壇の上に鐘を伏せた形の塔身がのる形で、大正7年（1918）に完成。昭和62年には、本堂前にチュラロンコン国王の銅像が建立されている。

寺内の茶室草結庵は県指定文化財の名席である。本堂下の東側一帯には、明治44年頃できたという四国八十八ヶ所霊場がある。いまも毎月21日の弘法縁日には、境内一円に露店が建ち並び、市民の信仰と憩いの場所となっている。

鉈薬師

覚王山▼地図⑦

日泰寺山門の前を西に向かいT字路を右折、3本目のT字路を左折し、道なりに行くと鉈薬《なたやく》師《し》の前に出る。門の両脇には等身大の中国風石造文人像が置かれている。

1644年、中国では明朝が倒れ、新たに征服王朝である清朝が成立した。その滅亡の前後に多くの明の遺臣が日本に亡命してきている。張振甫もその一人である。

張振甫は、明王室の流れを汲む貴種であったといわれ、元和年間（1616-1624）に日本へ渡来したという。最初京都に居住するが、尾張初代藩主徳川義直の知遇を得て、名古屋移住を決意する。藩主の侍医となるよう求められたが固辞し、御用の時だけ名古屋城へ登城したという。

義直の時代は巾下堀（西区堀詰町付近）に居住、2代光友の時代の寛文7年（1667）上野村新田に土地を与えられ宅を構えた。人々はこの地を振甫山と呼び、現在の振甫町という地名に受け継がれたのである。

張振甫が光友のバックアップを得て明風の建築様式で新築をしたのが鉈薬師である。医王堂とも呼ばれる。振甫没後、代々上野村の庄屋の預かりとなったが、明治42年（1909）田代村村長の依頼を受けた紅葉屋富田重助が買い入れ、現在地の千種区田代町四観音道に移築した。

現在の堂内には、黄檗式敷瓦の平土間が設けられ、内陣正面の壇上には平安後期の本尊薬師如来座像が安置されている。円空作とされる日光・月光菩薩、阿弥陀像が両脇に、また左右壁面に設けられた壇上に、十二神将および善財童子像がそれぞれ配されている。

鉈薬師と呼ばれるのは、円空がこれらを鉈1本で彫ったと伝えられるからだ。医王堂とは、医師としての張振甫を顕彰した呼称である。日泰寺の縁日に合わせて、毎月21日10時～14時に限って開扉され、堂内を拝観できる。

東充寺（へちま薬師）

高岳▼地図①

地下鉄高岳駅3番出口を出て東に向かい、信号交差点を右折し南に歩いていくとへちま薬師として有名な東充寺がある。

門をくぐったすぐ右手の薬師堂の前には、その名の通り奉納されたへチマがびっしりと天井から吊り下げられている。賽銭箱の上にも手水舎の方にもはみ出していて、この薬師さんへの信仰が厚いことがわかる。疝気《せんき》を病む人に霊験があるといわれ、へチマを供えて平癒を祈る民間信仰だ。疝気とは、かつて下腹部の病全般を指した。疝痛を伴う寄生虫症や、胃腸潰瘍、胆石、リウマチ、婦人病なども含まれ

鉈薬師

東充寺（へちま薬師）の奉納へちま

久国寺

八王子神社

る。薬師堂の壁面には、相撲の新旧小錦の奉納した額が掲げられている。

東充寺は京都光明寺派の浄土宗の末寺である。慶長の清須越しに際し、清須からこの地に移った。この地域は東寺町《ひがしでらまち》と呼ばれ、飯田街道（駿河街道）沿いの防衛の拠点地であった。大建築と広大な境内の軍事的意義から城下防衛の意味をもたせたものである。

八王子神社

西杉町▼地図①

高岳から北行きのバスで西杉町に向かう。バス停西杉町から南に歩き、清水3丁目の信号を左折すると左手に八王子神社がある。もともとは那古野庄今市場にあった若宮八幡宮の中にあったが、慶長15（1610）名古屋城築城の際に、名古屋東北の護りとして移された。古来、特に子どもの守り神として多くの人の信仰を集めている。

久国寺にある岡本太郎作の鐘

久国寺

（名鉄尼ケ坂）▼地図①

八王子神社から東に行き2本目東南角に久国寺《きゅうこくじ》がある。寺の外堀に沿って南に行くと立派な門構えの山門の前に出る。ここにあの『芸術は爆発だ！』の岡本太郎のつくった鐘がある。大阪万博の太陽の塔を思わせる棘の突き出た特徴のある鐘だ。「歓喜」と名づけられ、伝統的な梵鐘のスタイルを打ち破った昭和の大梵鐘といわれている。制作年は、昭和40年（1965）。

久国寺は、慶長年間（1596-1615）長国守養が徳川家康の守護仏出世勝利開運聖観世音菩薩を三河法蔵寺から受け、楠山久国寺を建てたと伝えられる。寛文3年（1663）現在の場所に移り、名古屋城の鬼門守護とした。

地蔵院

（名鉄尼ケ坂）▼地図①

久国寺から東に向かい、2本目の通りを右折。名鉄瀬戸線の高架をくぐり、瀬戸線に沿って東に向かう。尼ケ坂駅南の公園西の坂道を上ると蔵王山地蔵院がある。

江戸時代にはこの尼ケ坂一帯は蔵王の杜と呼ばれていた。樹木が鬱蒼と茂っていて昼なお暗い場所であったため、頻繁に辻斬りが出た。その被害者の霊を鎮めるために久国寺の住職が、門前の六地蔵のうちの1体を移し祀ったのが地蔵院の始まりだという。

片山神社

地蔵院

片山神社

白壁▼地図①

地蔵院の前の坂を上り、左折する。交差点をまっすぐ進み、次の交差点を左折すると片山神社である。延喜式神名帳に山田郡所在の片山神社と記載される式内社である。創建年代は、709年（和銅2）と伝えられる。

境内からは、縄文土器、弥生土器、須恵器、石器、炉の跡、甕棺なども発掘され片山神社遺跡と呼ばれている。名古屋台地の北の縁辺にあり、長久寺貝塚とともに名古屋の先史・古代遺跡として重要な場所だ。

片山神社の祭神は、国狭《くにさ》槌尊《ちのみこと》と安閑天皇であるが、のちに蔵王大権現が加えられた。江戸時代の絵図には、蔵王とだけ記されることが多い。

長久寺・庚申塔

白壁▼地図①

片山神社から南に行き大きな道路にぶつかったところを右折する。信号交差点を渡り左折すると長久寺《ちょうきゅうじ》である。名古屋城の鬼門鎮護の役割を担った長久寺（真言宗智山派）は、慶長15年（1610）清須越しにより現在地に移り、尾張藩の厚い保護下に1万坪におよぶ広大な寺領を保有した。

天明5年（1785）の火災で清須越しの表門（薬医門形式もった総門）と鎮守八幡社を残し焼失したが、寛政7年（1795）に再建された。表門は本来南面していたが、現在は東側に移されている。本尊は木造不動明王立像（伝智證大師円珍作）。

境内には市内でも最も古い庚申塔がある。碑面には青面金剛《しょうめんこんごう》童子・天邪鬼・三猿が彫られている。武蔵国の8人の武家が、寛文8年（1668）に寄進したという刻銘がある（名古屋市指定文化財）。

若宮八幡宮

矢場町▼地図②

地下鉄矢場町駅4番出口を出て、若宮大通を西に向かう。呉服町通を越えた先に若宮八幡宮がある。若宮八幡宮の起源は古い。大宝年間（701-704年）に現在の名古屋城三の丸の地（那古野の地）に創建されたと伝わり、延喜年間（901-923年）に再興されたという。

戦国時代に駿河の今川氏が進出し、那古野庄今市場に出城を築いた。その頃の若宮八幡宮は、亀尾天王社（現在の那古野神社）と隣り合って建てられていた。天文7年（1538）織田信秀が那古野城を攻め奪取したが、この合戦で社殿は焼失した。しかし天文8年、信秀によって若宮八幡宮の社殿は再建された。その後、豊臣秀吉も若宮八幡宮に保護を与えている。

江戸時代に入り、慶長15年（1610）の名古屋城築城に際し

長久寺の庚申塔

長久寺

て、建築予定の城内に位置した亀尾天王社と若宮八幡宮の遷移を占ったところ、天王社は遷移せずそのままの位置に留まり、若宮八幡宮は現在地に遷座することとなった。

亀尾天王社は名古屋城の守護を担い、若宮八幡宮は名古屋総鎮守とされて信仰を集めた。祭神は、応神天皇・仁徳天皇・武内宿禰命であるが、特に若宮の名の由来となっているのは応神天皇である。若宮というのは、御《み》子《こ》神《がみ》を指し、神の御子という意味である。

大須観音・宗春のからくり

大須観音▼地図③

若宮八幡宮の西の本町通を南に行き、大須観音通を西に向かうと大須観音である。正式には北野山真福寺宝生院という真言宗の寺である。元は尾張国中島郡の大須村（現岐阜県羽島市）にあった。元亨4年（1324）に後醍醐天皇が創建した北野天満宮の別当寺として、元弘3年（1333）に僧能信が創建している。能信やその後の学問僧が各地の寺院の書籍を書写した写本が集積され、真福寺本として伝えられた。

慶長17年（1612）に徳川家康は、この大須文庫を水難の恐れから守るために犬山城主の成瀬正成に命じて、名古屋城下へ移転させた。以後尾張藩の保護を受け、1万5000点におよぶ書籍は幾度か寺社奉行による修補を受け、整理されて目録がつくられた。特に『古事記』は日本最古の写本であり、国宝である。

明治25年（1892）の大須の大火と太平洋戦争の空襲による2度の焼失を経て、昭和45年（1970）に再建、現在に至っている。大須の地名は、この大須観音の門前町から発祥している。毎月18・28日には、大須観音境内で骨董市が開かれる。境内に

大須観音

若宮八幡宮

七寺

徳川宗春のからくり（大須観音）

は芭蕉句碑や大正琴発祥の地の碑、境内東隣には、第7代尾張藩主徳川宗春《むねはる》のからくり人形があり、定時に上演される。

七寺

大須観音▼地図③

大須観音の南の大須通に面した北側に、通称、七寺《ななつでら》と呼ばれる寺がある。正式には稲園山正覚院長福寺という。真言宗智山派に属する名刹である。

その歴史は古く、天平7年（735）に行基菩薩が尾張国中島郡萱津に正覚院を開創したのに始まる。七寺という呼称は、延暦6年（787）、河内権守紀是広によって七堂伽藍が建立されたところから来ている。

以後幾多の変遷を経て、天正19年（1591）清須の豪族であった鬼頭孫左衛門吉久《よしひさ》が太閤秀吉の命を受けて寺域を清須に移し、本堂を再建した。大塚村性海寺の寺僧良圓を迎えて中興とした。

慶長16年（1611）の秋、徳川家康の命により寺域を現在の地に移転されるにあたって、本堂が清須から移築されたのをはじめ、諸堂が次々と再建された。元禄13年（1700）には、藩主徳川光友のはからいによって三重塔が再建された。これで七堂伽藍のすべてが整い、大須観音、西別院ともにその勢威を誇った。享保15年（1730）には尾張藩主の祈願所となっている。

明治12年（1879）7月に総本山智積院の末になり、明治44年には準別格本山に昇格した。しかし、昭和20（1945）年3月19日、太平洋戦争の戦火によって七堂伽藍のすべてを焼失。わずかに経蔵一棟を残すのみとなった。この時、かろうじて戦火を免れた観音・勢至菩薩の2体および勢至の光背と31合の唐櫃入一切経は、その後、昭和25年に国の重要文化財の指定を受け、現在に至っている。

東別院

東別院▼地図③

地下鉄の東別院駅で降り、北西側の出口から地上に出ると、大津通をはさんで信号の向こうに（西側）メーテレがある。まっすぐ行けば東別院。メーテレに沿って北へ行けば、北隣が下茶屋公園である。この一角全体がかつての古渡城の跡である。

東別院は、元禄3年（1690）、2代藩主徳川光友より古渡城の跡地1万坪の寄進を受けて建てられ、名古屋御坊《ごぼう》と称した。明治維新後、明治4年（1871）に名古屋本願寺、明治6年に名古屋管刹、明治9年には、本願寺名古屋別院と改称し、境内建物も逐次整備され、全国有数の別院として発展してきた。毎月12日が縁日で、人々には「御坊さん」の名で呼ばれ親しまれてきた。浄土真宗大谷派名古屋別院というのが現在の正式な名称である。

青大悲寺

東別院

青大悲寺・鉄地蔵

西高蔵▼地図④

地下鉄西高蔵駅2番出口を出て伏見通沿いに南へ行くと寺の築地が見えてくる。通りに面して地蔵堂があり、ここに有名な青大悲寺《せいだいひじ》の鉄地蔵がある。

この鉄地蔵は、室町時代（銘文の干支から応永年間か永正年間に鋳造されたものと思われる）につくられている。正式には鋳鉄地蔵菩薩立像といい愛知県の指定文化財となっており、ほぼ等身大の大きさである。金山の観聴寺の鉄地蔵とともに水野家などの鋳鉄職人（鋳物師《いもじ》）の作と考えられる。金山神社への信仰とともに鋳鉄集団の拠点地であったようだ。

青大悲寺は、如来教という尼寺である。如来教というのは、宝暦6年（1756）、この地で生まれた「きの」という女性が、享和2年（1802）に開いた新興宗教である。

熱田神宮・八百万神社　上知我麻神社・八剣宮

神宮西▼地図④

伏見通を徒歩で熱田神宮に向かう。熱田神宮の三の鳥居南に、正面参道をはさんで向かい合って東八百万《やおよろず》神社と西八百万神社が鎮座している。祭神は熱田を中心とする東西両国の八百万神である。古くは左八百万神社、右八百万神社とも呼ばれた。ここへ参詣すれば、すべてが事足りてしまうのかと思えてしまう名前の神社である。

熱田神宮正門（南門）前の西側に上知我麻《かみちかま》神社、その北側に別宮の八剣宮《はっけんぐう》がある。上知我麻神社は、宮簀媛命《みやずひめのみこと》の父君である尾張国造乎止與命《おとよ》を祀り、源大《げんだ》夫社《ゆうしゃ》とも呼ばれた。ちなみに下知我麻神社は、熱田神宮本宮の西の位置にあり、祭神は真《ま》敷刀《じきと》俾命《べのみこと》で乎止與命の妃、すなわち宮簀媛命の母神にあたる。紀大《きだ》夫社《ゆうしゃ》とも呼ばれた。ともに延喜式神名帳に記載された古社である。

熱田の源大夫社は、元は東海道を東から来て宮宿の突き当たりの市場町に鎮座していたが、昭和24年（1949）都市計画によって、現在地に遷座した。現在のこの社の両脇に、大国主《おおくにぬし》社（大黒様）と事代主《ことしろぬし》社（恵比寿様）を祀っていることから、広く「えびすさま」とも呼ばれている。特に1月5日の「初えびす」は多くの参詣者で賑わい、商売繁盛の熊手を手に入れることで知られている。

別宮の八剣宮も延喜式内社である。和銅元年（708）征夷祈願のため、元明天皇の勅命により新たに神剣をつくり、境内に社を建てて納め祀ったことが創始とされる。熱田神宮摂社の筆頭で、本宮に並ぶ別宮と呼ばれる。祭神は、本宮と同様、天照大神である。

11 なごやの街道散策

名古屋は西から佐屋街道、美濃街道、上街道、下街道、瀬戸街道、飯田街道、東海道などの主要道や岩倉街道、本町通や広小路通、塩付街道、知多への道などが通じていた。

岩倉街道（中小田井）

通常料金でめぐると…2,730円

エコキップで行けば…**2,130円お得!**

＊注＝本コースは順に訪ねていけるように設定してありますが、1日では回りきれません。アレンジして散策してください。

●コース

地下鉄　栄▶岩塚
【佐屋街道】八幡社▶七所社

バス　岩塚本通５丁目▶地下鉄岩塚

地下鉄　岩塚▶庄内緑地公園
【岩倉街道】星神社▶中小田井五所社▶善光寺▶東雲寺

地下鉄　庄内緑地公園▶浄心
【美濃街道】榎白山神社

地下鉄　浄心▶丸の内
【本町通】札の辻▶本町通道標▶本町橋

バス　本町通り▶東片端
【上街道】清水口▶稲置街道道標

バス　西杉町▶東片端
【下街道】善光寺街道道標▶熊野屋

バス　赤塚▶大曽根
【下街道】大曽根道標

地下鉄　大曽根▶伝馬町
【東海道】熱田宿道標▶七里の渡し

地下鉄　伝馬町▶桜本町
【鎌倉街道・東海道】白毫寺▶富部神社

地下鉄　桜本町▶桜山
【塩付街道】石仏白山社▶善昌寺

地下鉄　御器所▶川名
【飯田街道】川原神社

地下鉄　川名

【佐屋街道（佐屋路）】

八幡社・七所社

ᑎ 岩塚▼地図⑮

地下鉄岩塚駅1番出口を出て南に行く。豊国通り6丁目を西に向かえば佐屋街道である。佐屋街道は東海道の脇往還として整備され、熱田から岩塚・万場・神守《かもり》・佐屋を経て桑名に至る道だ。海路を避けて女性が多く利用したことから姫街道とも呼ばれ、津島への道筋にもあたった。

御田《みた》中学校、岩塚小学校の南を西に向かって歩くと左手に光明寺がある。手前の道を左折すると八幡社である。

八幡社から南の道を進むと遍《へん》慶寺《きょうじ》があり、山門の脇に岩塚城跡の碑が建てられている。再び光明寺の山門の前を進むと左手に三十三観音、右手角に七所《しちしょ》社への道標が建てられている。ここを右に折れて七所社へ向かう。万場大橋の陸橋の下を通り抜けると七所社である。毎年2月に行われる「きねこさ祭り」は、田遊び系の古式を伝える貴重な祭事である。庄内川を渡ると万場の宿である。

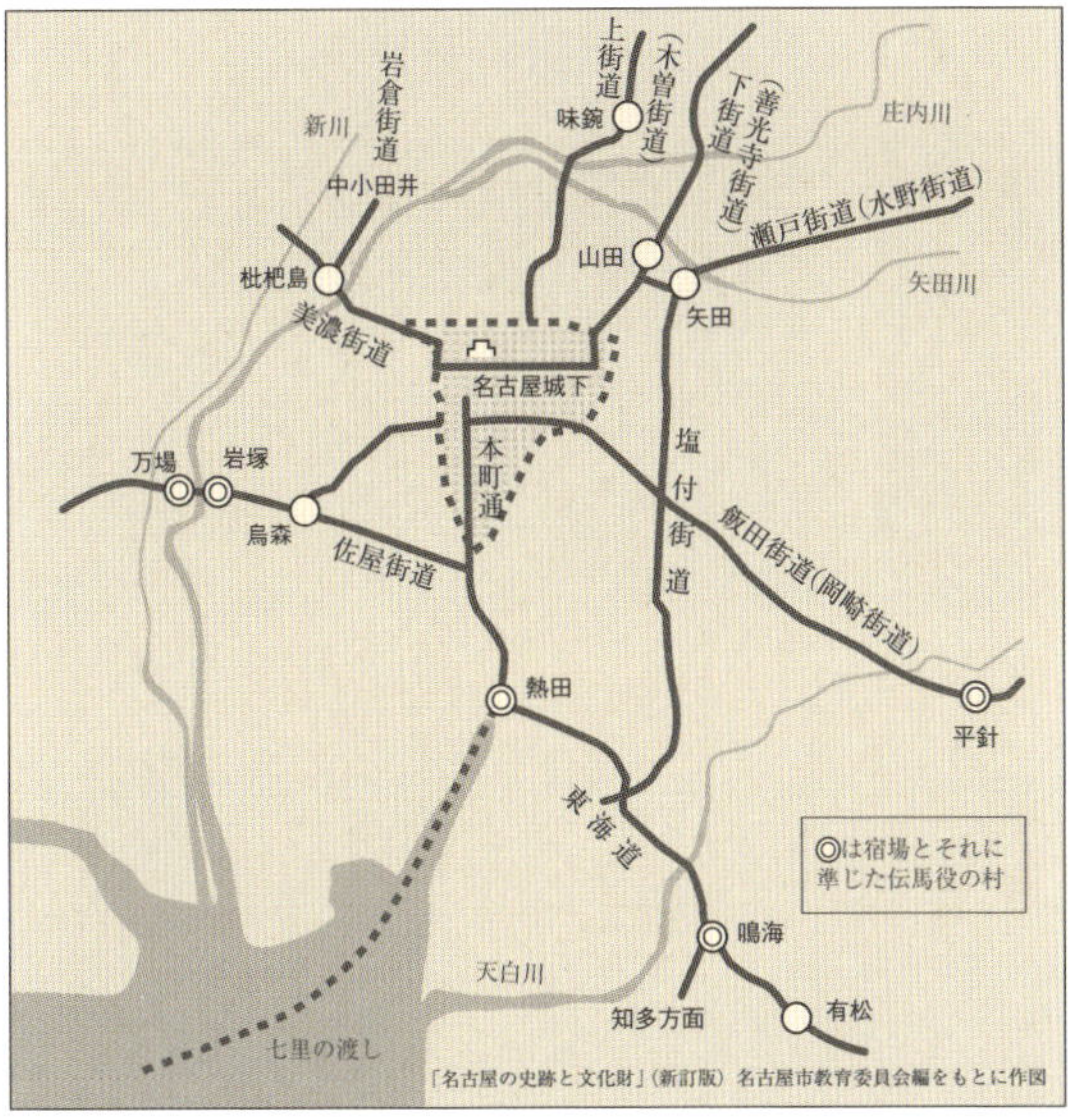

名古屋の主な街道の略図

佐屋街道

七所社

きねこさ祭り

善光寺別院

星神社

【岩倉街道】
中小田井の町並み
◯ 庄内緑地公園▼地図⑭

岩倉街道の中小田井を歩いてみよう。地下鉄庄内緑地公園駅2番出口を出て、庄内緑地公園の北側に沿って堤防道路を歩いていくと式内社の星神社がある。主祭神は大名持命で、併せて牽牛星と織女星が祀られている。

星神社の南の道を西に向かうとさらに南西に向かい、歩いていくと東雲寺《とううんじ》の墓地に出る。本堂の前に回り、山門前を道なりに行くと五所社の北から岩倉街道の古い町並みに出る。岩倉街道は、枇杷島橋から下小田井、中小田井を経て岩倉への通ずる街道である。街道沿いに善光寺別院がある。中小田井は名古屋市の町並み保存地区に指定されている。

【美濃街道（美濃路）】
榎白山神社
◯ 浅間町▼地図②

地下鉄浅間町駅の4番出口を出て、北に向かい、最初の信号を左折すると美濃街道である。名古屋城の西から押切商店街を経て、名鉄の東枇杷島駅北に向かってほぼ真っ直ぐに伸び、古い町並みは少なくなっているものの、旧家に屋根神や商店、寺院などが残っている。

榎小学校北の信号交差点の手前に榎白山《えのきはくさん》神社がある。織田信長や武将たちも参詣した神社入口の石垣に権現橋と刻まれた石柱がある。明治時代には神社のすぐ西側を笈瀬《おいせ》川と呼ばれる川が流れ、権現橋が架かっていた。川は埋め立てられ道路になり、権現橋の石の欄干が白山神社に移設されたという。川はなくなっても橋は永久に残ったということになる。北区から流れてきた笈瀬川は名古屋駅西の椿神

札の辻モニュメント

榎白山神社

本町橋

本町通道標

社付近から現在の中川運河に通じていた。

　美濃街道は、熱田・名古屋・枇杷島・清須・萩原・墨俣《すのまた》・大垣・垂井《たるい》に達する街道で、東海道と中山道を結ぶ幕府の道中奉行直轄の重要路線であった。途中の木曽、長良の河川などには渡船場があった。

　清須の北西の四ツ家（稲沢市）から加納へは岐阜街道が分岐していた。清須市西枇杷島付近の町並みは街道の様子を残している。江戸期には野菜供給の青物市場が繁栄していた。

　清須城と名古屋城は直線距離で約7km。徒歩で3時間程度の道のりである。織田信長が上洛し、徳川家康が関ヶ原の戦いから凱旋した道筋にあたることから、出世街道、あるいは吉例街道とも呼ばれている。地下鉄浅間町駅の東側に富士浅間神社がある。

札の辻・本町通道標【本町通】

丸の内▼地図②

地下鉄桜通線丸の内駅5番出口を出て、桜通の1本南の通りが美濃街道の伝馬町通である。東に向かい本町通と交差したところが札《ふだ》の辻《つじ》と呼ばれ、伝馬会所が置かれた。

　そのまま東へ行くと飯田街道である。交差点の北西にモニュメントがある。美濃街道は本町通を南下し、熱田宿に至る。

　名古屋の城下町は城の南に碁盤割りに区画された。万治3年(1660)の大火により碁盤割りの南に幅15間の防火帯がつくられたのが現在の広小路通にあたる。

　大須界隈は大須観音や万松寺を中心に総見寺・七寺《ななつでら》などの寺院、那古野山《なごのやま》古墳などがあり、ことに江戸期の徳川宗春の頃より庶民的な町として繁栄してきた。

　戦災や都市化により江戸の面影をたどることは困難なものの、堀川に近い西本願寺別院近くの門前町や橘町付近は仏壇店が集中している。

　札の辻から本町通を北に向かい、京町通との交差点の東南角に道標がある。東に向かえば下街道（善光寺街道）だ。さらに北に向かうと名古屋城内への入口の本町橋である（寺社については「10　寺社めぐり」参照）。

清水口・稲置街道【上街道】

東片端▼地図①

木曽街道は、尾張藩の公用を目的として設置され、上街道・犬山街道・稲置街道とも呼ばれた。清水口から安井・味鋺《あじま》・小牧・楽田《がくでん》・善師野《ぜんじの》・土田《どた》を経て中山道につながる街道である。

　名古屋城の東、出来町通と国道41号の清水口交差点の西の清水大坂を下る（41号線は少し北の信号を渡ることとなる）。

　名鉄瀬戸線の清水駅の東を北

城下町の名残で枡形が今も残る（相生町）

稲置街道の碑

熊野屋

善光寺街道道標

に街道はたどる。清水の町で名古屋城と大曽根の尾張藩の屋敷を結ぶ御成街道と交差する。途中、秋葉社や八王子神社があり、八王子神社の北に稲置街道の道標がある。

　街道は、安井から矢田川、庄内川を渡り、味鋺に出る。庄内川北岸の味鋺神社や護国院付近は、旧街道の面影を残している。

　清水5南の交差点を西に向かい、41号線に出て西杉町から南行きバスに乗り、東片端に戻る。

鍋屋（店の前に史跡の案内表示がある）

【下街道】

善光寺街道道標・熊野屋

東片端▼地図①

　東片端バス停を南に行くと、壁に大きく鍋屋と書いてあるビルがある。鍋屋町商店街の入口である。これが下街道（善光寺街道）だ。鍋屋は鋳物師《いもじ》水野太郎左衛門家の子孫が受け継いでいる。鋳物師水野太郎左衛門の旧跡の案内表示を見て商店街に入ると、花藤《かとう》ギャラリーがある。御釜師加藤家は、尾張藩主から名字帯刀を許され、現在12代目の忠三朗氏が伝統を受け継いでいる。下街道（善光寺街道）は、大曽根・勝川・坂下・土岐・釜戸を経て中山道大井につながる街道で、御嶽山や善光寺参りのルートでもあった。

起点は札の辻であり、京町通を東に向かうと鍋屋町通につながる。鍋屋町の東のはずれ、国道19号の西角には「善光寺道、京大坂道」と彫られた道標がある。この手前で街道は北に曲がる。現在は大通りを横切ることができないので代官町の交差点を越えてから19号線の1筋西の道を行くことになる。

相生町付近では2カ所ほど、クランク状（枡形）の曲がり道がある。城下町の名残である。赤塚交差点南には享保年間（1716-1736）創業の油屋の熊野屋があり、当時の油関係の資料が展示されている。また、この付近は瀬戸からの陶磁器の絵付けや加工業が栄えた地区で、19号線の東側に名古屋陶磁器会館がある。

大曽根道標

七里の渡し（常夜灯）

大曽根道標

大曽根▼地図①

赤塚からバスで大曽根に向かう。地下鉄大曽根駅のOZガーデンからOZONEアベニューへ抜けるE6出口のすぐ北側角に、大曽根の道標がある。道標には正面「右　いゐだみち」とある。左側の面は判読しにくいが「左　江戸みち　ぜんく己うじみち」と彫られている。善光寺街道・中山道への案内である。裏面には「延享元甲子年（1744）念仏講中」と刻まれている。この道標は、もともと現在の大曽根五叉路（昔は三叉路）に建てられていたものである。

瀬戸街道は大曽根から守山・瀬戸に通じる街道で、陶磁器輸送のための産業の道としての役割を果たすとともに、東濃・飯田方面への塩や物資輸送に使われた中馬街道でもあった。途中の水野を経由して尾張徳川家初代藩主徳川義直の廟所定光寺へ向かう道から水野街道・殿様街道とも呼ばれた。

【東海道】熱田宿道標・七里の渡し

伝馬町▼地図④

地下鉄伝馬町駅4番出口を出て、南に1筋目が旧東海道である。西に行くと突き当たり、南東の角に道標がある（熱田宿については「09　江戸の面影を求めて」参照）。名古屋市内の東海道は宮宿から間宿の有松までである。

名古屋城下の発展に寄与した堀川には白鳥貯木場が設けられ、その南の新堀川との合流点に七里の渡しがあった。現在は公園として整備され、往時の常夜灯が復元されている。ここには堀川下りの屋形船の乗船場がある。江戸期の町屋の形式を残す熱田荘や、近くには熱田魚市場跡の碑がある。

陸路で東海道を利用した人々

富部神社

鎌倉街道

年魚市潟勝景碑

白毫寺

桜神明社

もここから桑名まで海上七里の4時間ばかりは船旅となった。品川宿から41番目の宮宿は美濃街道との分岐にもあたり、脇本陣や旅籠が立ち並んだ。熱田神宮や伊勢へ詣でる人々が集まり、街道随一の賑わいを見せたといわれる。

「うなぎのひつまぶし」で有名な「蓬莱陣屋」の隣に赤本陣跡の表示がある。

蓬莱の宮とも呼ばれる熱田神宮の鬱蒼とした森には樹齢千年にもなるクスノキの巨木が生育し、海上から神宮は島のようにも見えたはずである。熱田神宮は古代から伊勢湾を生業の舞台とする漁民たちの信仰も厚く、七里の渡しを渡海する旅人たちも神宮へ航海の安全を祈願したに違いない。境内の「きよめ茶屋」で一休みできる。

【鎌倉街道・東海道】

白毫寺・富部神社

桜本町▼地図⑩

地下鉄桜本町3番出口を出て、すぐ北側のガソリンスタンドの角を左折し、1本目を左折するとすぐにT字路で西に向かう細い道に出る。これが鎌倉街道の名残である。

途中東海道と交差し細い道を行くと白毫寺《びゃくごうじ》に出る。白毫寺には年魚市潟勝景の碑や万葉の碑、芭蕉句碑があり、かつてこの付近から呼続や星崎の浜が見渡せる景勝地であったことを示している。

白毫寺から南に行き、呼続公園の中を通って富部神社に向かう。富部神社は、清須城主松平忠吉が、病気平癒による報恩のしるしとして慶長11年（1606）本殿・祭文殿・回廊・拝殿を建て、神社の東に神宮寺として海雲山天福寺を建て、社領百石を寄進したことに始まる。富部神社本殿は、一間社流造檜皮葺で特に正面の蟇股・屋根の懸魚・桁隠などの細部に桃山時代の特徴を残しており、国の重要文化財である。境内の山車蔵にある享保12年（1727）作の高砂車山車は市指定有形民俗文化財で、毎年10月の大祭で一般公開される。

笠寺一里塚

富部神社の鳥居の前を東に向かう道が内陸へ塩などを運んだ塩付街道である。東海道と交差し、細い道を名鉄の線路に沿って北に向かうと古墳の上に建てられた桜神明社がある。名鉄の踏切を渡り、T字路を左折しさらに右折すると大通りに出る。北に向かえば地下鉄桜本町駅である。

さらに東海道は、笠寺から鳴海へと向かう。笠寺観音から南東に行った三叉路に笠寺一里塚が残されている。

また、笠寺付近は台地の末端部にあたり、桜台・見晴台など台の地名からも坂が多い。本星崎町付近が台地最南になる。

大高・知多方面への街道が通じていた鳴海宿は海岸部に近く、宿場として繁栄した。知多の阿久比村から街道沿いに移転して東海道筋に形成された有松は古い町並みと有松絞りや山車で知られる。

有松の大将ケ根から東海道は豊明市に入る。住宅化が著しいこの丘陵地一帯が桶狭間古戦場で、国道1号や名鉄本線が狭隘な窪地を通過している。

【塩付街道】石仏白山社・善昌寺

桜山▼地図⑨

地下鉄桜山駅1番出口を出て東に向かい、3本目の南北の細い通りが、塩付街道である。呼続の浜付近でつくられた塩や海産物を馬の背に載せて運ぶ道であったことから塩付街道と名がついた。街道は富部神社付近から瑞穂区・昭和区へと北上し、飯田街道や瀬戸街道から信州方面につながっていた。

桜山から北に行った石仏《いしぼとけ》町付近の塩付街道は江戸期の面影

石仏白山社の鬼瓦

石仏白山社

を残している貴重な場所である。石仏白山社には少し東の古観音寺跡から出土した奈良時代の鬼瓦が収蔵され、付近に瓦窯があったものと推定されている。神社自体も古墳の上に建てられている。

　隣接する善昌寺には石仏の由来となった石仏観音がある。街道沿いには古い民家や蔵、川澄地蔵や、みやみち地蔵など、地蔵堂が佇み、今も生活道路としての役割を果たしている。

善昌寺

みやみち地蔵

　1本東のバスが通る塩付通の「高砂本家」の「つぶ大福」の包装紙には、馬子が茶店で休息する様子が描かれている。塩は生活の必需品であり、内陸部の人々にとっては重要な物資であった。全国各地に塩の道があり、名古屋の都市部を抜ける塩付街道は江戸期の面影を残す道である。

【飯田街道】

川原神社

川名▼地図⑦

地下鉄川名駅1番出口を出て北に向かい、信号を左折し西に向かうと飯田街道である。街道を西に進むと北側に式内社の川原神社がある。

　飯田街道は、明治以前には駿河街道と呼ばれた街道で、札の辻から吹上・川名・八事・塩釜口・植田・平針から足助を経て飯田へ通じる街道で、飯田方面では三州街道と呼ばれた。塩や海産物を馬で運ぶ塩の道で駄賃稼ぎの中馬街道とも呼ばれた。街道は起点の伝馬町から東に向かい、久屋大通を横切って東桜から南西に向かう。

　東桜付近はかつて東寺町と呼ばれ、寺院が集中している。徳川家康は城下の東部や南部に寺を配置し、街道筋の防備に備える役割も果たしたといわれる。オフィスや繁華街の一角に江戸の面影を残している。

　さらに東に向かうと中央本線のガードをくぐり、古井《こい》の坂を越え、吹上に出る。旧街道は飯田街道と書かれた看板が掲げられている。かつてはこの道を馬車鉄道が八事へ走っていた。市電は北の安田通を通った。

　小坂町には地蔵堂があり、ほどなく塩付街道と交差する。川名を経て、隼人《はやと》池から八事の峠を越える。八事山の興正寺は参拝と行楽地として賑わった。

川原神社

12 なごやの名園

名古屋の名園と呼ばれる庭園をめぐってみよう。徳川園や白鳥庭園など最近造園された庭園や、個人邸宅の公開されている庭園など、心落ち着く空間を味わいたい。

通常料金でめぐると…2,030円

エコキップで行けば…

1,430円お得!

●コース

地下鉄 栄▶大曽根

徳川園

バス 徳川園新出来▶市役所

名古屋城二の丸庭園・三の丸庭園

地下鉄 市役所▶覚王山

揚輝荘▶いち倫▶爲三郎記念館

地下鉄 池下▶東別院

下茶屋公園

地下鉄 東別院▶鶴舞

鶴舞公園

地下鉄 鶴舞▶いりなか

昭和美術館

バス 石川橋▶田辺通２丁目

東山荘

バス 田辺通２丁目▶瑞穂運動場東

地下鉄 瑞穂運動場東▶神宮西

白鳥庭園

地下鉄 神宮西

徳川園

＊注＝名古屋都市景観重要建築物….（名・重建）

徳川園

大曽根▼地図①

地下鉄大曽根駅E5番出口を出て南に向かう。名鉄の高架をくぐり、三つ目の信号を右折する。徳川園の大曽根口より園内に入る。徳川園は、尾張藩第2代藩主光友《みつとも》が、元禄8年（1695）に自らの隠居所として大曽根屋敷を造営したことを起源としている。当時の敷地は約13万坪（約44ha）の広さで、庭園内の泉水には16艇立の舟を浮かべたといわれている。

光友の没後、この地は尾張藩家老職の成瀬・石河・渡邊三家に譲られたが、明治22年（1889）からは尾張徳川家の邸宅となった。昭和6年（1931）名古屋市は、第19代当主義親《よしちか》氏から邸宅と庭園の寄付を受けた後、改修整備を行い、翌年、徳川園として一般公開した。しかし、太平洋戦争の大空襲によってほとんどの建物や樹林などが焼失してしまった。戦後、現代的な都市公園として改修し、市民に利用されてきた徳川園は、平成13年(2001)から日本庭園として再整備を行い、平成16年に開園した。

徳川園は、矢田川の河岸段丘を生かした高低差のある地形、既存の照葉樹の森、立体的に迫る大きな岩組みが特徴で、変化に富んだ景観を劇的に展開する構成となっている。

龍仙湖は、海に見立てた水面の周りに見所を配する池泉《ちせん》回遊式庭園の中心的存在で、地下水を水源としている。黒松を背にして浮かぶ島々、巨石に懸かるもみじ、水際を渡る飛石、突き出す砂嘴、舟小屋のある渡し場などをめぐりながら楽しむことができる。

大曽根の滝は、虎の尾を上りきると到達する落差6mの三段の滝である。上、中、下段の岩の組み方が異なるため、それぞれ水しぶきの表情には変化がある。滝の背後の山は徳川園の中で最も高く、龍仙湖水面との標高差は約11m。瑞龍亭は、光友の諡号《しごう》瑞龍院から名づけられた小さな茶室で、龍仙湖の彼方に西湖堤を眺望することができる。織田有楽斎《うらくさい》を始祖とし、かつては尾張徳川家で重用された尾州有楽流に因み、有楽好みの様式を取り入れている。龍門の滝は、鯉が滝を登りきって竜となったという登竜門伝説に基づく滝の一形式である。尾張家江戸下屋敷跡地にあった滝の石を使用し、徳川園に再現された。

寛文9年(1669) 2代藩主光友の頃に造営が始まった尾張家江戸下屋敷(戸山屋敷)では、当代随一といわれた庭園を有し、園内には鳴鳳渓と呼ばれた渓谷を構成する龍門の滝があった。鳴鳳渓は、渓流の飛石の上を渡りきると急に龍門の滝から落ちる水が増して石が水中に没するという趣向が凝らされたもので、当時園遊会に招かれた将軍や諸大名は大変驚き、また、喜び楽しんだという。

戸山屋敷は現在の東京都新宿区の戸山町あたりで、平成10年に早稲田大学の敷地内で江戸時代の大規模な石組みが見つかった。早稲田大学と新宿区教育委員会の発掘調査の結果、戸山屋敷にあった龍門の滝の遺構であることが確認された。発掘された石材は、伊豆石と呼ばれる安山岩で、総数約360個、総重量約250tにのぼり、江戸城築城の余り石と推定されている。

徳川園では、早稲田大学から譲り受けたこれらの石材を滝の布落ちや護岸、河床、飛石などに用いるとともに、水量を急激に増す仕掛けを取り入れて、戸山屋敷の龍門の滝を蘇らせた(月曜休、入園料300円)。

名古屋城二の丸庭園・三の丸庭園

市役所▼地図②

徳川園黒門から南へ歩きの大通りへ出て、徳川園新出来から基幹バスで市役所まで行く。名古屋城東門から入場してすぐ右手が二の丸東庭園である。

明治の初めに名古屋城は陸軍に接収された。兵営建築のため二の丸庭園の多くが壊されたが、蓬左文庫所蔵の「御城御庭絵図」に基づいた発掘調査であらわれた北池・南池・茶席霜傑亭跡・暗渠の四遺構を中心に整備され、昭和53年(1978)に二の丸東庭

二の丸庭園

いち倫の庭園

三の丸庭園

園として開園された。東庭園の面積は約1万4000㎡で、付近には、牡丹・芍薬《しゃくやく》などの花園がある。

二の丸庭園は、元和《げんな》年間(1615-1623)二の丸御殿の造営に伴って同御殿の北側に聖堂(金声玉振閣《きんせいぎょくしんかく》)を中心として設けられたが、享保(1716-1736)以後たびたび改修せられ枯山水《かれさんすい》回遊式庭園に改められた。我が国では数少ない城郭庭園の一つで、国の名勝に指定されている。二の丸庭園の中には二の丸茶亭が設けられ、庭園散策の折の休憩所としてお抹茶をいただくことができる。

市役所本庁舎の東側を南に行くと名古屋市公館がある。その南側が三の丸庭園である。三の丸庭園は、陸軍将校クラブ偕行《かいぎょう》社《しゃ》の南庭として明治14年(1881)から明治17年頃にかけて、表千家の吉田紹和宗匠の指導の下に二の丸庭園南御庭の一部、東南中央の渓谷と渓流の部分を移築造園したもの。本庭園およびその周辺にある樹木の中には、名古屋城築城当時植栽されたものや、武家屋敷のものと推定される樹木があり、郭内の残存樹木として貴重なものとなっている。また、庭石は佐久間石、篠島石、定光寺石等郷土の名石ほか紀州産の青石などの大石を用い、豪快かつ優美さを出している。

三の丸庭園の構成は、外堀の土塁を背景として、樹木がうっそうと茂り、深山幽谷の趣をもつと共に、池と石橋・枯滝・石洞・石舟・出島などを巧みに配置した豪壮で優美な枯山水の庭となっている。

揚輝荘・いち倫・爲三郎記念館

覚王山▼地図⑦

地下鉄覚王山駅1番出口を出て日泰寺参道を歩き、日泰寺山門の前で右折。突き当たりを左折すると揚輝荘《ようきそう》の門前に出る。

揚輝荘は、松坂屋の創業者伊藤家の第15代伊藤次郎左衛門祐民が大正7年(1918)から覚王山の約1万坪の森を切り拓いてつくった別荘である。興味深い建造物を移築したり新築して、完成時は三十数棟が威容を誇っていた。

その多くを空襲で失ったが、昭和12(1937)年に竣工した山荘風建築の聴松閣《ちょうしょうかく》と、鈴木禎次《ていじ》(後述)により、尾張徳川家ゆかりの座敷に洋室などを加えて建設した伴華楼《ばんがろう》や、修学院離宮風の池泉回遊式庭園が残っている。平成19年(2007)に名古屋市に寄付され、現在、指定管理者として特定非営利活動揚貴荘の会が管理・運営にあたり、伴華楼や庭園のある北園は一般に無料公開されている(月曜休館)。

日泰寺山門の前を行き過ぎ、T字路を右折してしばらく行くと「いち倫」がある。昭和の初めに建てられた普通民家を喫茶店にしたものだが、庭園ギャラ

下茶屋公園

爲三郎記念館の茶室（知足庵）

リーとしてさまざまなイベントも行っている。勾配を利用した変化のある庭が美しい（月・火曜、第2水曜休、毎月21日の場合は営業）。

「いち倫」から日泰寺山門の方へ戻り、T字路を越えて信号交差点を右折。道なりに坂を下っていくと古川美術館の前に出る。美術館の先を左折して南に行ったところに爲三郎《ためさぶろう》記念館がある。故古川爲三郎氏の旧宅だ。日本庭園と茶室と共にある数寄屋建築。この庭も勾配を利用して屋敷・庭・池・茶室が絶妙に配置されている。呈茶も行われており、和室に座って庭を眺めながら一服いただくことができる（「01 近代建築を探る」参照 古川美術館休館の際は休み）。

下茶屋公園

東別院▼地図③

地下鉄の東別院駅1番出口を出て、大津通をはさみ信号の向こうに（西側）メーテレがある。まっすぐ行けば東本願寺。メーテレに沿って北へ行けば、北隣りが下茶屋公園である。下茶屋公園の北が、千本松原の処刑場の案内板が建っている橘公園である。

東別院は、元禄3年（1690）2代藩主徳川光友より古渡城の跡地1万坪の寄進を受けて建てられ、名古屋御坊と称した。下茶屋公園は名古屋御坊新御殿の北庭があったところである。

東別院所蔵の平面図には新御殿御庭という別記がある。天保のころ落成の建築群に伴って作庭されたという。この庭の平面形が下茶屋公園によく残されており、江戸時代後期の庭園遺構として貴重なものだ。

東別院も御庭も戦災で焼失したため、戦後に復元されたものである。都心には珍しい高低差のある回遊式庭園となっている。

鶴舞公園

鶴舞公園▼地図③

地下鉄鶴舞駅4番出口を出て、鶴舞公園に向かう。公園に入って正面に噴水塔が見える。

明治43年（1910）に鶴舞公園で第10回関西府県連合共進会が開催された。多くの仮設建築に対して、会期終了後も残されることになっていた噴水塔と奏楽堂は、東海地方の近代建築を数々手がけた名古屋高等工業学校（現名古屋工業大学）教授鈴木禎次が設計した。8本のトスカナ式オーダーによる円柱をめぐらした円堂形式の噴水塔である。昭和48年（1973）に地下鉄鶴舞線工事のため解体撤去されたが、昭和52年には復元され現在に到っている（「01 近代建築を探る」参照）。

噴水塔の北側に名古屋市公会堂がある。昭和天皇の結婚記念として、昭和2年に起工され、昭和5年に完成、同年10月に開館

鶴舞公園の普選壇

竜ヶ池（鶴舞公園）

名古屋市公会堂

した。鉄骨鉄筋コンクリート造4階建て、地下1階の構造である。（名・重建）

噴水塔の南側には普選壇と呼ばれる野外劇壇がある。大正14年（1925）に成立した普通選挙法を記念して、昭和3年に中日新聞社の前身である名古屋新聞社が建造した。壁面には五箇条の御誓文とその英訳、および建設の趣旨とが掲げられている。この青銅版は戦時中供出されて失われたが昭和42年に復元された。裏の石には、顧問坪内雄蔵、設計佐藤功一と刻まれている。坪内雄蔵とは坪内逍遙である。佐藤功一は、早稲田大隈講堂や日比谷公会堂の設計で知られる。（名・重建）

噴水塔から花壇の間を東へ歩いていくと、威風堂々という感じで厳かな奏楽堂が見えてくる。現在の奏楽堂は、初代の姿に復元された三代目のものである。初代奏楽堂は明治43年に建設され、昭和9年の室戸台風で大被害を受けて取り壊された。昭和12年から平成7年まではデザインの異なる奏楽堂が建てられていたが、平成9年に築造当時の姿に復元された。

細部には、屋根飾りのハープ、階段手すりの白鳥など、アール・ヌーボーの手法が施されている。舞台を囲む手すりには「君が代」の楽譜がデザインされている。奏楽堂の北側に2代目の棟飾りがモニュメントとして残されている。奏楽堂の東には、竜ケ池や胡蝶ケ池などの池が点在する。

この公園では、春から夏にかけて桜・チューリップ・バラ・菖《しょう》蒲《ぶ》・紫陽花と多くの花を見ることができる。（「03　産業遺産をめぐる」参照）

昭和美術館

いりなか▼地図⑧

地下鉄いりなか駅2番出口を出て、三洋堂の前の道を西に向かう。南山短大・南山中高の間を抜けて、信号交差点を抜けた先に昭和美術館がある。

昭和美術館は、財団法人後藤報恩会の初代理事長後藤幸三氏が収集した美術工芸品や関係史料を中心に昭和53年（1978）に開館。昭和区の閑静な住宅地に、2200坪の敷地を有する。都会の中の自然林を感じさせる庭園は、茶室への道すがらとなっており、風情漂わせる池と高低差のある露地は、茶人文人好みの雑木茂る森を感じさせる。

庭園内の南山寿荘《なんざんじゅそう》は茶室およ

東山荘

昭和美術館

び書院で、江戸時代末に名古屋尾頭坂辺りの堀川沿い東岸（住吉神社の北）に所在した尾張藩家老渡辺兵庫規綱《のりつな》の別邸（捻駕《ねじか》籠《ご》の席）の一部とされる。館蔵品は1000点（重要文化財3点）茶道に関するものが中心だ。（企画展示期間以外は休館）

東山荘

田辺通二丁目▶地図⑨

バス停田辺通二丁目で降り、田辺通二丁目の信号を右折。次の信号を左折すると東山荘《とうざんそう》がある。東山荘は大正時代に綿布商伊東信一の別荘として建てられたもので（伊東家の山荘だから東山荘）、その後、名古屋市長公邸となり、昭和43年（1968）から貸席として一般に利用されている。4000坪近くある広大な庭園の中に佇む母屋は雁行《がんこう》形《けい》に連なっている。庭園の見学は無料である。（月曜休、門と塀は、名・重建）

白鳥庭園

神宮西▶地図④

田辺通二丁目からバスで地下鉄瑞穂運動場東駅か地下鉄桜山駅に移動する。地下鉄神宮西駅4番出口を出て北に向かい、2本目の筋を左折する。白鳥公園の前を通り堀川に出たら、少し南の御陵橋を渡ると白鳥庭園の北口に出る。

白鳥庭園は昭和58年（1983）から整備が進められた。敷地面積約3・7ha。市内随一の規模を誇る日本庭園として平成3年（1991）全面開園した。名古屋国際会議場の南に位置し、中部地方の地形をモチーフとした池泉回遊式庭園である。築山を御嶽山、そこから流れる川を木曽川、川の水が注ぎ込む池を伊勢湾に見立て、源流から大海までの「水の物語」をテーマにしている。四季を彩る広大な水と緑の庭で、巨大な岩や滝に深山幽谷の趣を感じ、全国でも珍しい三つの音色を奏でる水琴窟もある。

また、汐の満ち干により刻々と変化する水景を楽しむ汐入の庭がある。この汐入の庭を間近に見ながら、抹茶もいただける休憩所、汐入亭がある。

庭園のほぼ中央、流れのほとりにある庭園本館清羽亭は、本格的な数寄屋建築。外観は、白鳥の舞い降りる姿をイメージし、庭園と建物の美しい調和を見せている。この清羽亭は、茶会はもとより、歌会など伝統的な催しに有料で利用することができる（月曜休、入館料300円）。

白鳥庭園

13 戦争遺跡を訪ねる

明治以降、日本は日清・日露戦争、第一次・第二次世界大戦と多くの戦争を経験してきた。名古屋にも戦争遺跡が数多く残されている。平和の大切さを改めて感じ取りたい。

日清戦争第一軍戦死者記念碑

通常料金でめぐると…1,290円

エコキップで行けば…690円お得！

●コース

地下鉄 栄▶市役所

名古屋城二の丸 歩兵第六連隊碑▸名古屋城内 乃木倉庫▸二の丸 第三師団司令部の煉瓦塀▸桜華会館 平和記念館▸市役所 騎兵第三連隊碑▸市政資料館

地下鉄 市役所▶一社

戦争と平和の資料館「ピースあいち」

バス 平和が丘▶平和公園三丁目

平和堂▸徳川宗春墓▸陸軍墓地

バス 平和公園三丁目▶地下鉄自由が丘

地下鉄 自由ヶ丘▶本山

昭和塾堂▸日清戦争第一軍戦死者記念碑

地下鉄 覚王山▶今池

千種公園陸軍兵器廠跡▸日独友好の碑

地下鉄 大曽根

歩兵第六連隊・第三師団

市役所▼地図②

地下鉄市役所駅7番出口を出て、名古屋城に向かう。愛知県体育館北西の角に、歩兵第六連隊の碑が建っている。明治維新後、名古屋城は新政府に接収された。明治4年（1871）東北から九州まで四分割された各区域にそれぞれ鎮台が置かれ、同6年には広島、名古屋にも鎮台が設けられた。名古屋鎮台の管内に組織されたのが名古屋の歩兵第六連隊である。

明治21年に鎮台は師団に改編され、名古屋城内に第三師団が

歩兵第六連隊の碑

乃木倉庫

第三師団司令部の煉瓦塀

置かれた。歴代の第三師団長の中には、首相を3回務めた桂太郎がいる。桂は、主税町の長屋門が残っている佐藤家に寄宿していたことがわかっている。その他、児玉源太郎、上原勇作など歴史に名を残した人物も師団長となっている。

空襲を免れた歩兵第六連隊の兵舎は、明治村に移築され、衛《えい》戍《じゅ》病院とともに当時の姿を今も見ることができる。

乃木倉庫

市役所▼地図②

名古屋城の御深井《おふけ》丸、西北角櫓の手前に煉瓦造りの倉庫が残っている。これが乃木《のぎ》倉庫と呼ばれるものである。

明治6年（1873）、名古屋城内に鎮台が設置された。その時、25歳で鎮台大弐心得《だいにこころえ》に任命されたのが乃木希典《まれすけ》である。翌、明治7年までの1年間という短期間であったが、乃木が在任中に建てたと伝えられるのがこの乃木倉庫だ。ここは旧陸軍の弾薬庫として使用された。基礎の上に煉瓦でアーチ形の換気口があり、角は石積み風になっている。

昭和20年（1945）5月14日の名古屋空襲の際、天守閣、本丸御殿などは焼失したが、本丸御殿の壁画や天井絵などの大半がこの乃木倉庫に収納されていたため焼失を免れた。のちに煉瓦の保全のため白亜塗りにされた。平成9年（1997）国の登録有形文化財に指定される。

第三師団司令部の煉瓦塀

市役所▼地図②

明治20年（1887）二階建ての煉瓦造りの第三師団司令部庁舎がつくられた。その南側の正面の両側につくられた煉瓦塀の一部が現在もわずかに残っている。

名城病院の北向かい、名古屋城の二の丸の交差点の北西角の歩道との境界部分である。補修された跡もあるが、第三師団創設当時の姿を思い起こさせる貴重な遺物である。

桜華会館　平和記念館

市役所▼地図②

愛知県護国神社北の桜華会館に設立されている記念館で、遺族会から寄付されたものや、サイパン・レイテ島の遺骨収集時に発掘された遺物が展示されている。伊号第363潜水艦遺品や陸軍九二式重機関銃、兵士の装備品であった防毒マスク・手投弾・軍服・鉄カブト、不発弾の250キロ爆弾などが目を引く（土・日曜休、入場無料）。

騎兵第三連隊碑

市役所▼地図②

名古屋市役所本庁舎の北西角、地下鉄の入口の東の植え込みの中に騎兵第三連隊跡の碑がある。

創設期の陸軍は、歩兵部隊次

騎兵第三連隊跡の碑

愛知平和記念館

ピースあいち

いで砲兵部隊を優先的に編成・整備した。騎兵部隊は当初、近衛と東京鎮台のわずか2大隊に過ぎなかった。その後、明治21年（1888）の師団改編以降、各師団に騎兵大隊が編成されるようになった。

　日清戦争後の明治29年、騎兵大隊は連隊編成に改編。さらに2騎兵旅団（4連隊）が増設されて日露戦争を迎えた。日露戦争後にも2騎兵旅団が増設され、騎兵連隊の数は29になった。

　しかし、第一次世界大戦後における機動力と火力の発達は、騎兵部隊を時代遅れのものとし、代わって戦車・装甲車・自動車による機械化部隊の誕生へとつながっていく。

　日中戦争の当初は、師団騎兵は依然として騎兵連隊、特設師団は騎兵大隊であった。その後、戦車師団の創設などに伴い、騎兵部隊は捜索連隊や戦車連隊等へ改編されていった。

名古屋市市政資料館

市役所▼地図①

本書「01　近代建築を探る」で紹介した名古屋市市政資料館へ足を運んでみよう。戦時中の名古屋の資料が展示してある。

戦争と平和の資料館「ピースあいち」

一社▼地図⑫

地下鉄市役所駅から一社駅へ。1番出口を出てすぐ北に向かう道を歩き、よもぎ台の信号交差点を右折すると戦争と平和の資料館「ピースあいち」がある。平成19年（2007）5月にNPO団体により開設された資料館だ。

　資料館前の庭には、「平和地蔵」が安置されている。これは名古屋市中区千代田に、空襲犠牲者の追悼と平和祈念のために建立されたものだったが、諸事情により移転を繰り返していた。しかし、資料館の完成により安住の地を得たものである。

　内部は「愛知県下の空襲」「戦争の全体像　15年戦争」「戦時下の暮らし」「現代の戦争と平和」の4テーマで展示されている。

「愛知県下の空襲」では、焼夷弾などの現物資料・空襲の写真パネルに加えて、愛知県が激しく空襲された理由が解説されている。「戦時下の暮らし」では、当時の「茶の間」が再現されるなど、現物資料が多数展示されることによって、具体的に当時の様子が理解できるようになっている（日・月曜休、入館料３００円）。

平和公園平和堂

平和公園三丁目▼地図⑫

バス停平和が丘から市バスで平和公園三丁目へ。バス停を降り、東に行くと、平和堂が左手の高台に見えてくる。

平和堂

　毎年、春秋のお彼岸の日には平和堂の内部が公開される。１階には、歴代名古屋市長の胸像が飾られている。平和堂の上階には、中国から贈られた千手《せんじゅ》観音が安置されている。この千手観音は、昭和16年（1941）６月、中国・南京市の毘盧《びる》寺から贈られたものである。昭和12年７月７日の盧溝橋《ろこうきょう》事件に端を発して日中戦争が始まるが、日本軍の南京占領後には泥沼化し、日中全面戦争となっていった。

　中国人による反日抗争が高まる中、南京最大の寺であった毘盧寺の本尊千手観音像と、名古屋東山の瑞雲寺に安置されていた高さ10ｍという木彫りの十一面観音像が交換され、あたかも仏教を通して日中の融和を実現させるかのような日本軍部による宣撫工作が秘かに行われた。

　当時、南京には、日本の傀儡《かいらい》と言われた汪兆銘《おうちょうめい》政権（南京政権）があり、この観音像はその汪兆銘政権から、日華親善の名目で、日本の全仏教徒に対して贈られたものであった。

　戦後、名古屋の千手観音像は平和堂に安置されるようになったが、南京の毘盧寺の十一面観音は、文化大革命で破壊されてしまった。現在、「二つの観音様を考える会」を中心にして、この千手観音像を南京毘盧寺に返却しようという市民運動が起こっている。

徳川宗春の墓

徳川宗春墓

平和公園三丁目▼地図⑫

平和堂から西に向かって階段を降り、道路に沿って北西方向に向かう。虹の塔を左手に見ながら歩いていくと、道路沿いに相応寺の墓地がある。その西側が建中寺の墓地で、ひときわ大きな墓石が尾張藩第７代藩主徳川宗春の墓である。

　名古屋空襲の際に被弾し中央部が黒ずみ亀裂が入っていたが、平成22年（2010）多くの市民の協力により修復された。墓の横に由来の書かれた碑が建てられている。また宗春の墓の脇には、江戸時代の初めに日本に帰化し、尾張藩で活躍した陳元贇の小さな墓石が移されている。

陸軍墓地

平和公園▼地図⑫

　建中寺墓地から再び道路に沿って歩いていくと、バス通りにぶつかる。その右側が、平和公園のバス停である。バス停の左側に陸軍墓地がある。慰霊碑や陸軍大将などの立派な墓が並び、その南側に一般兵士の四角

ロシア人墓地

陸軍墓地

い墓柱が600基余り整然と並んでいる。明治10年代・20年代前半のものから日清・日露の戦死者のものまで、さまざまである。戦死者だけでなく名古屋衛《えい》戍《じゅ》病院で病没した人の墓も多い。遠方の出身で名古屋で没し、陸軍墓地に葬られたものもかなりあるようだ。今ではお参りする人もなく、雑草の中にひっそりと立っている。

　陸軍墓地は、戦前には古出来町（現在の旭丘高校とその西の小公園のあたり）にあった。そこには、日露戦争で捕虜となり、名古屋大須の西別院に収容中に亡くなった15名のロシア兵が葬られたという。

ドイツ人墓地

　日露戦争の終戦までに、延べ7万2408名のロシア兵捕虜が日本に連行され、収容所は東北から九州まで全国に29カ所設置された。設置された順番では、松山、丸亀、姫路、福知山に次いで、名古屋が5番目だった。

　名古屋における収容者数は、明治38年（1905）1月11日時点で、将校12名／下士卒1010名、計1022名になっていた。ただし同年の春までに、松山収容所から静岡・名古屋へ1500人ほどが転送されたというから、収容人数はもっと増えたようだ。

　第一次世界大戦の時には、ドイツに宣戦布告した日本は、中国山東半島青島のドイツ軍基地を攻めた。大正3年（1914）11月、名古屋に捕虜が移送されてきたのは、308名であったという。

　当初、中区・東別院が収容所として使用されていたが、古出来町に収容所がつくられた。

　また各地から転収者が名古屋に集められ、多い時には収容者数は500名を超えたという。

　そのうち、当時収容所で亡くなった12人のドイツ人兵士の墓地が、陸軍墓地につくられた。

昭和塾堂

本山▼地図⑦

地下鉄本山駅1番出口を出て、西に向かい、城山八幡宮前の信号を右折し、北に向かうと八幡宮である。

　石段を上り、鳥居の左手に昭和塾堂がある。正面へは、北側の道路から回る。昭和塾堂は、戦前の青少年教育の一画を担った施設である。

　昭和塾堂は、昭和3年に

昭和塾堂

（1928）愛知県が国威高揚と国民精神総動員運動の中心として、当時盛んだった青年団活動の教化の場所として建築した建物である。当時の日本建築学の権威であった佐野利器《としかた》（東大工学部建築学科教授）の助言のもと、愛知県営繕課が設計したものである。

4階建ての中央の塔を中心に、三方に2階建ての棟が広がった外観で、鉄筋コンクリート構造になっている。内部には300人収容の講堂や神殿、教室、食堂、図書室、寝室、浴室、貴賓室などが設けられていた。

完成後は、愛知県下の各種の青年団が、3日から10日の日程で講習を行ったというが、第二次世界大戦が激化した昭和18年、日本軍に押収され、いかり部隊や東海軍司令部が置かれたとのこと。

終戦後の昭和20年には、焼失した名古屋大学医学部として使用された後、教育文化研究所や県職員研修所、千種区役所の仮庁舎と、さまざまな形で利用された。その後、愛知県から城山八幡宮に払い下げられ、現在は愛知学院大学大学院歯学研究科の研究棟として利用されている。

昭和塾堂の東側に、城山八幡宮社務所による説明板があり、「昭和三年、愛知県により青年教育・社会教育を目的とし、人づくりの殿堂として建設されたものである。四階建ての塔を中心に下部には二階建て鉄筋コンクリート造りの本館が三方に伸び、人づくりを表現するものとして、真上からも横からも「人」文字型に見えるように設計されている」とある。

日清戦争第一軍戦死者記念碑

覚王山▼地図⑦

昭和塾堂から西に向かい、姫池通に出て、北に行く。日泰寺霊堂の北側に、日清戦争における第一軍戦死者726名を慰霊するための銅製記念碑がある。

大砲の砲弾形をしたこの記念碑は、通りからもよく目立つ。明治34年（1901）初めに建てられた場所は名古屋広小路の終端である武平町であった。のちに広小路は千種の方まで延長され、この塔は大通りの真ん中に残り、市電の線路もそれを避けて通過していた。その後、大正9年（1920）に現在の日泰寺敷地内に移築されたものである。

記念碑は、東京砲兵工廠により鋳造された。碑の周囲に並べられた大砲は、大阪砲兵工廠により明治16年から20年頃に製造されたものである。

千種公園陸軍兵器廠跡

今池▼地図①

地下鉄今池駅8番出口。東市民病院の北に千種公園がある。公園内の南西一角に陸軍兵器廠の被弾したコンクリート壁が長い間残されていた。そしてそのすぐ脇には「ここに涙ありされど平和は永遠に」と刻まれた慰霊碑が建てられている。

千種公園の一帯は、戦前、陸軍兵器支廠と陸軍造兵廠千種機器製作所があった。両方の工場は地下道で結ばれ、中央線の鉄道が工場内まで引き込まれていた。航空エンジンの組立や機関銃、高射砲などがつくられ、昼夜交代で5万人もの従業員が働

日独友好の碑

千種公園平和の誓いの碑

いていた。昭和20年（1945）の数次にわたる空襲で廃墟となった。

戦後は、市邨学園・名電高・名古屋盲学校・千種聾学校・若水中などの学校と千種公園・東市民病院の公共施設に変化を遂げた。

日独友好の碑

大曽根▼地図①

千種公園から北に向かい、瀬港線を左折し古出来町の信号交差点を西北方向に渡り、二筋目の信号を右折すると旭丘高校の正門前に出る。

ドイツ人俘虜収容所は、現在の旭丘高校の敷地内にあった。旭丘高校正門の北側に日独友好の碑が建てられている（2003年4月除幕式が行われた）。

Column 尾張徳川家の御船奉行千賀氏

白鳥庭園は、江戸時代に尾張藩の御船奉行・尾張水軍の千賀氏が支配していた御船蔵があった所だ。福島正則が慶長15年（1610）に堀川を掘削した時に舟着場としてはじめに掘った所でもある。

千賀氏は九鬼水軍の一族といわれ、紀伊熊野から来て知多半島須佐城に居住。永享年間（1429～40）には、師崎に来住し三河守護一色氏に属した。永正年間（1504～19）須佐城主千賀八郎兵衛は、大野宮山城（常滑市）の佐治為実の子八郎五郎と羽豆崎城を守備した。佐治氏と千賀氏は、享禄年中（1528～31）三河松平清康に仕え、佐治孫兵衛重親は、千賀八郎兵衛為親の養子となり尾張千賀氏の初代となる。重親は徳川家康に仕え、永禄5年（1562）船奉行に任ぜられて羽豆崎城主となった。その後家康の関東移封に伴い、伊豆下田船奉行の一人に任ぜられる。重親は織田信長に追放された林信勝（通勝）の四男・宗信の子信親を養子とした。

千賀父子は、関ヶ原の戦の軍功により、重親は師崎・篠島・日間賀島等を与えられ、羽豆崎に拠点を置いた。信親は、松平忠吉・徳川義直に付けられて御船奉行を歴任する。鯨方奉行も兼任し、師崎沖・熊野・紀州浦でたびたび捕鯨を行い、千賀氏の財政を潤していた。（伊藤喜雄）

おわりに

前回この本を執筆してからの6年間に執筆陣にも大きな変化がありました。私と川辺泰正氏は職場を定年退職し、新たな場所で再出発をいたしました。なお川辺氏には、前回同様、序章と13章「なごやの街道散策」の執筆・訂正をしていただきました。

また当時私が関わっていました「NPO法人檀木倶楽部」は、前回同様コラムを執筆・訂正していただきました「なごや歴史ナビの会」代表の伊藤喜雄氏に理事長を引き継いでいただきました。文化のみち檀木館は、「NPO法人檀木倶楽部」が継続して指定管理者として管理・運営にあたっています。

今回も名城ガイド・ボランティアの井土宇人・松永三郎両氏には、コラム原稿の執筆・訂正をお願いいたしましたが、残念ながら、07章「武将たちの足跡をめぐる①」の原案を作成していただきました森友肇氏はお亡くなりになりました。

また写真撮影にあたって貞祖院の菱田住職、日泰寺ほか多くの方々にご便宜を図っていただきました。ことに風媒社編集部林桂吾氏には、写真撮影に協力いただき、短期間で写真資料を揃えることができました。ありがとうございました。

名古屋城では本丸御殿の復元工事が順調に進み、その一部（玄関・表書院・中之口部屋など）は一般公開されています。3年後の平成17年度には、すべてが完成する予定ですのでどのような景観となるのか楽しみです。何百年後に引き継がれる新しい景観を生み出すことも今に生きる私たちの使命であると思います。

名古屋市の地下鉄・市バスの料金が値上げになりましたが、幸いに「ドニチエコ切符」（６００円）は据え置きとなりました。割安なドニチエコ切符を利用して、今まで知らなかった名古屋の史跡や文化財に触れてみてください。

【参考文献】

『愛知県史　別編文化財1』愛知県史編さん委員会、愛知県、2006年
『愛知県の歴史』三鬼清一郎編、山川出版社、2001年
『愛知県の歴史散歩　上』愛知県高等学校郷土史研究会編、山川出版社、2005年
『あいちの産業遺跡を歩く』愛知の産業遺跡・遺物調査保存会編、中日新聞本社、1988年
『愛知の史跡と文化財』愛知県文化財保存振興会、泰文堂、1983年
『愛知の文学』愛知県国語教育研究会高等部会編、浜島書店、1997年
『愛知の文学散歩』愛知県国語教育研究会高等部会編、浜島書店、2013年
『熱田神宮史料』熱田神宮宮庁編、2006年
『熱田歴史散歩』日下英之、風媒社、1999年
『尾張史料のおもしろさ　原典を調べる』名古屋市博物館編、2004年
『尾張の殿様物語』徳川美術館、2007年
『尾張の歴史50話』中日新聞本社編、中日新聞本社、1979年
『街道への誘い　ふるさと守山物語』川本文彦、風媒社、1997年
『街道への誘い　続なごや街角物語』川本文彦、風媒社、2002年
『建中寺　建築とその背景』河田克博、建中寺、2002年
『清州越』清州越400年事業ネットワーク、2011年
『古地図で歩く城下町なごや』長屋良行、流行発信、2010年
『写真図説　明治の名古屋世相編年事典』服部鉦太郎、泰文堂、1968年
『写真図説　大正の名古屋世相編年事典』服部鉦太郎、泰文堂、1980年
『写真絵図　名古屋に街が伸びるまで』吉田富夫、泰文堂、1985年
『写真図説　生きている名古屋の坂道』岡本柳英、泰文堂、1978年
『写真に見る明治の名古屋』佐々木隆美ほか、名古屋市教育委員会、1969年
『史話　名古屋城と城下町』水谷盛光、名古屋城振興協会、1979年
『新修名古屋市史第1巻』新修名古屋市史編集委員会、名古屋市、1997年
『新編名古屋市中区史』中区制八十周年記念事業実行委員会、中区役所、1991年
『図説愛知県の歴史』林英夫編、河出書房新社、1987年
『東海叢書23　心にのこる東海の人』水野時二、名古屋鉄道株式会社、1990年
『東海道歴史散歩』日下英之編、大衆書房、1988年
『東海の近代建築』日本建築学会東海支部歴史意匠委員会編、中日新聞本社、1981年
『特別史跡　名古屋城いまむかし』服部鉦太郎、名古屋城振興協会、1995年
『中川区の歴史』山田寂雀、愛知県郷土資料刊行会、1982年
『名古屋いまむかし』編集考房とその仲間たち、編集考房、1978年
『名古屋今昔散歩』原島広至、中経出版、2013年
『名古屋市史人物編復刻版』名古屋市役所編、国書刊行会、1981年
『名古屋市史寺社編復刻版』名古屋市役所編、愛知県郷土資料刊行会、1980年
『名古屋史跡名勝紀要』名古屋文化財調査保存委員会、泰文堂、1984年
『名古屋謎解き散歩』中根千絵、村手元樹、中経出版、2013年
『名古屋の街道をゆく』沢井鈴一、堀川文化を伝える会、2010年
『名古屋の古代遺跡を歩く』服部哲也ほか、風媒社、2008年
『なごやの古道・街道を歩く』池田誠一、風媒社、2007年
『名古屋の史跡と文化財（新訂版）』名古屋市教育委員会、1990年
『名古屋の地名』水谷盛光、中日新聞本社、1980年
『名古屋本町通り物語』堀川文化を伝える会、2006年
『名古屋四百年時代検定公式テキスト』検定実行委員会、名古屋商工会議所、2007年
『日本地名大辞典　愛知県』「角川日本地名大辞典」編纂委員会、角川書店、1989年
『西区の歴史』山田寂雀・西岡寿一、愛知県郷土資料刊行会、1983年
『花の名古屋の碁盤割』堀川文化を伝える会、2004年
『ひがし見聞録』東区制100周年実行委員会、2008年
『東区の歴史』愛知県郷土資料刊行会、1996年
『百年むかしの名古屋』名古屋地下鉄振興株式会社、1989年
『堀川　歴史と文化の探索』伊藤正博、沢井鈴一、あるむ、2014年
『堀川端ものがたりの散歩みち』堀川文化を伝える会、2003年
『美濃路』日下英之、愛知県郷土資料刊行会、1985年
『南区の歴史』三渡俊一郎、愛知県郷土資料刊行会、1986年
『明治の名古屋人』尾崎久弥ほか、名古屋市教育委員会、1969年
『山吹の歩み』江碕公朗、『山吹の歩み』刊行会、1967年
『わが街ビルヂング物語』瀬口哲夫、樹林舎、2004年

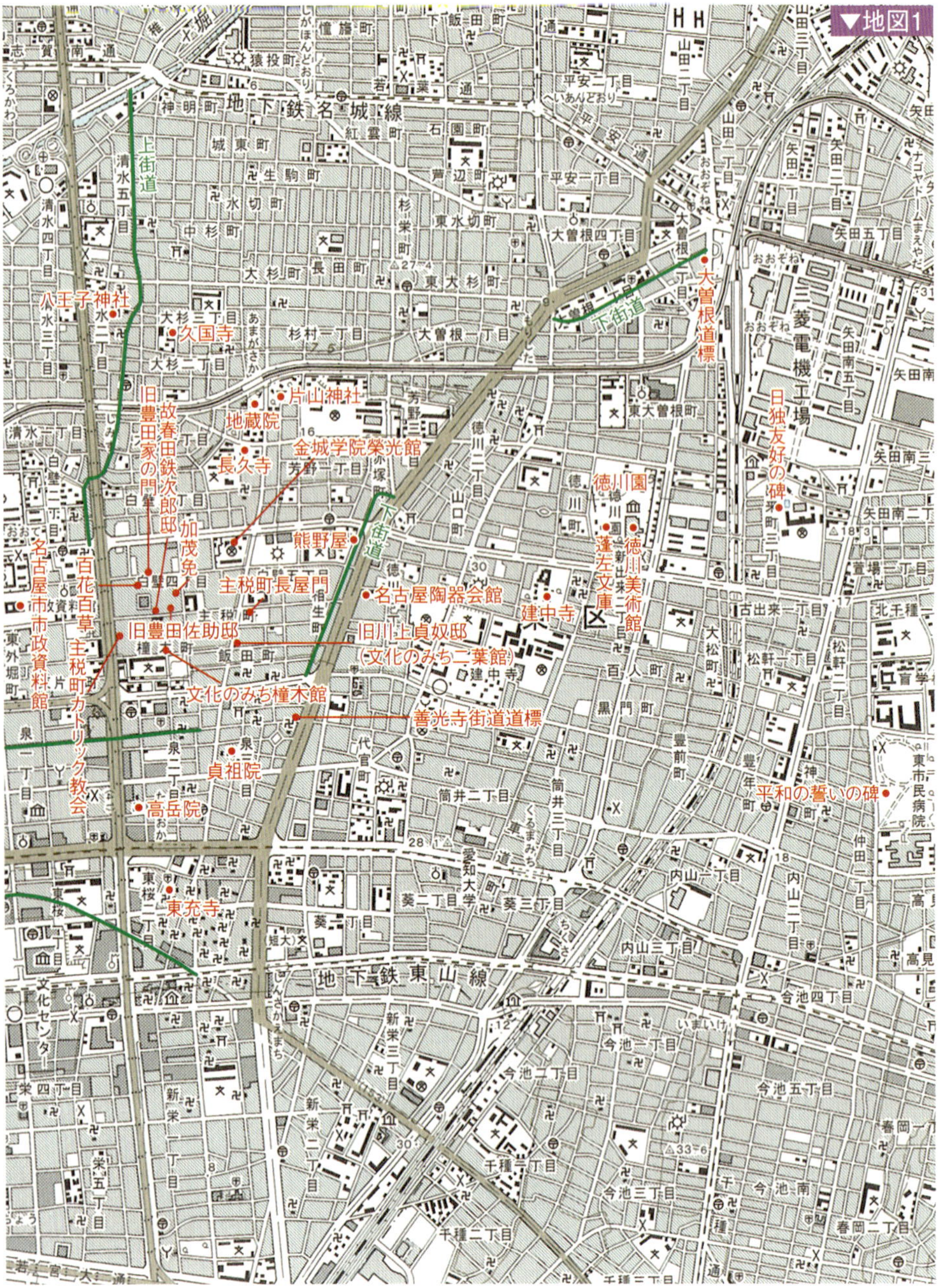
▼地図1
上街道
下街道
八王子神社
久国寺
片山神社
地蔵院
長久寺
金城学院栄光館
旧豊田家の門
故春田鉄次郎邸
加茂免
熊野屋
主税町長屋門
名古屋陶器会館
建中寺
徳川園
蓬左文庫
徳川美術館
大曽根道標
日独友好の碑
百花百草
名古屋市市政資料館
旧豊田佐助邸
旧川上貞奴邸
（文化のみち二葉館）
主税町カトリック教会
文化のみち撞木館
善光寺街道道標
貞祖院
高岳院
東充寺
平和の誓いの碑
地下鉄名城線
地下鉄東山線
菱電機工場

0 500m

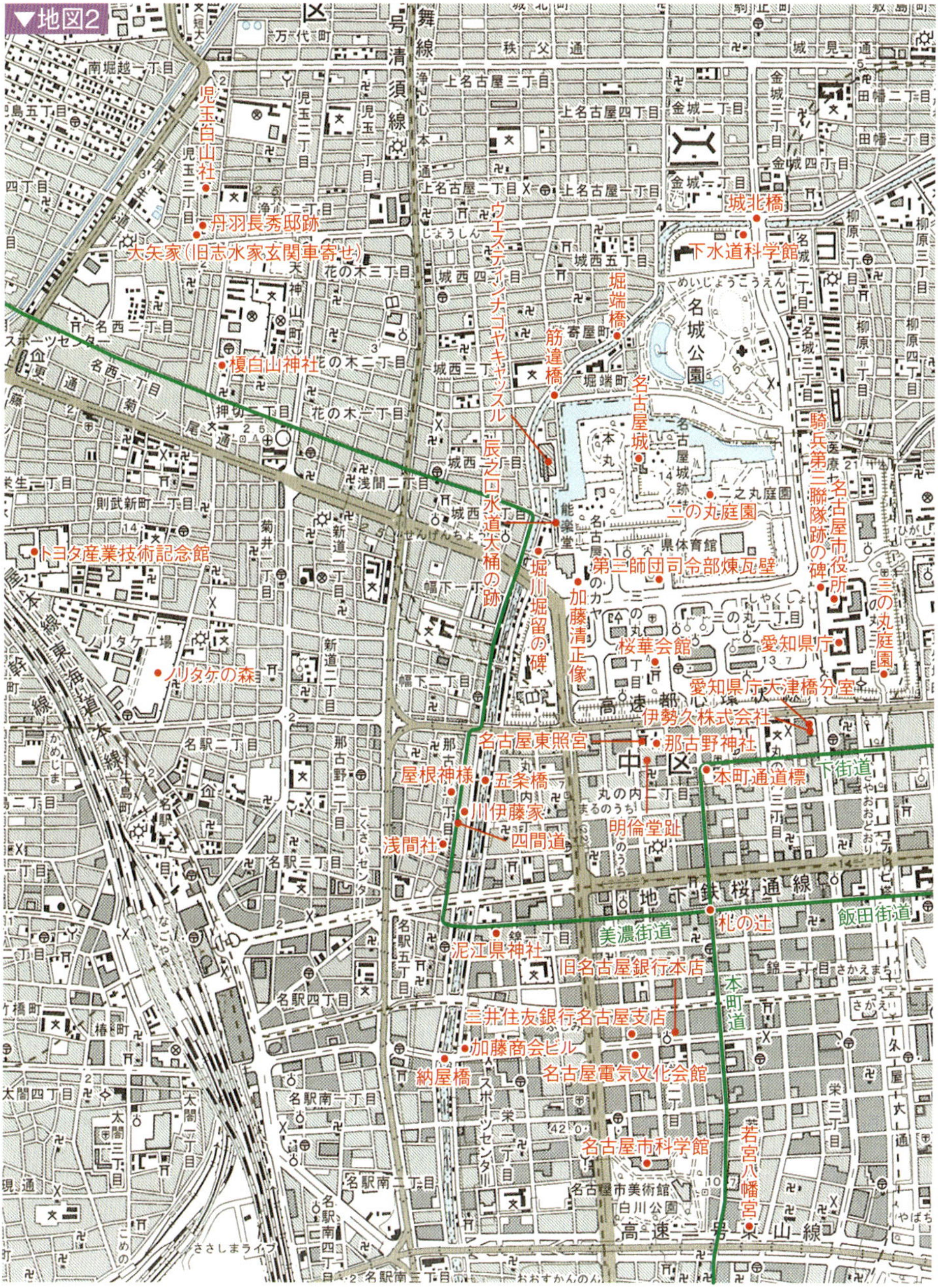
▼地図2
児玉白山社
丹羽長秀邸跡
大矢家（旧志水家玄関車寄せ）
榎白山神社
トヨタ産業技術記念館
ノリタケの森
ウェスティンナゴヤキャッスル
辰之口水道大桶の跡
堀端橋
筋違橋
名古屋城
城北橋
下水道科学館
名城公園
二の丸庭園
騎兵第三聯隊跡の碑
名古屋市役所
三の丸庭園
第三師団司令部煉瓦壁
堀川堀留の碑
加藤清正像
桜華会館
愛知県庁
愛知県庁大津橋分室
伊勢久株式会社
名古屋東照宮
那古野神社
本町通道標
下街道
屋根神様
五条橋
川伊藤家
四間道
明倫堂趾
浅間社
札の辻
美濃街道
飯田街道
泥江県神社
旧名古屋銀行本店
本町道
三井住友銀行名古屋支店
加藤商会ビル
納屋橋
名古屋電気文化会館
名古屋市科学館
若宮八幡宮
地下鉄桜通線
高速都心環状線
高速二号東山線
中区

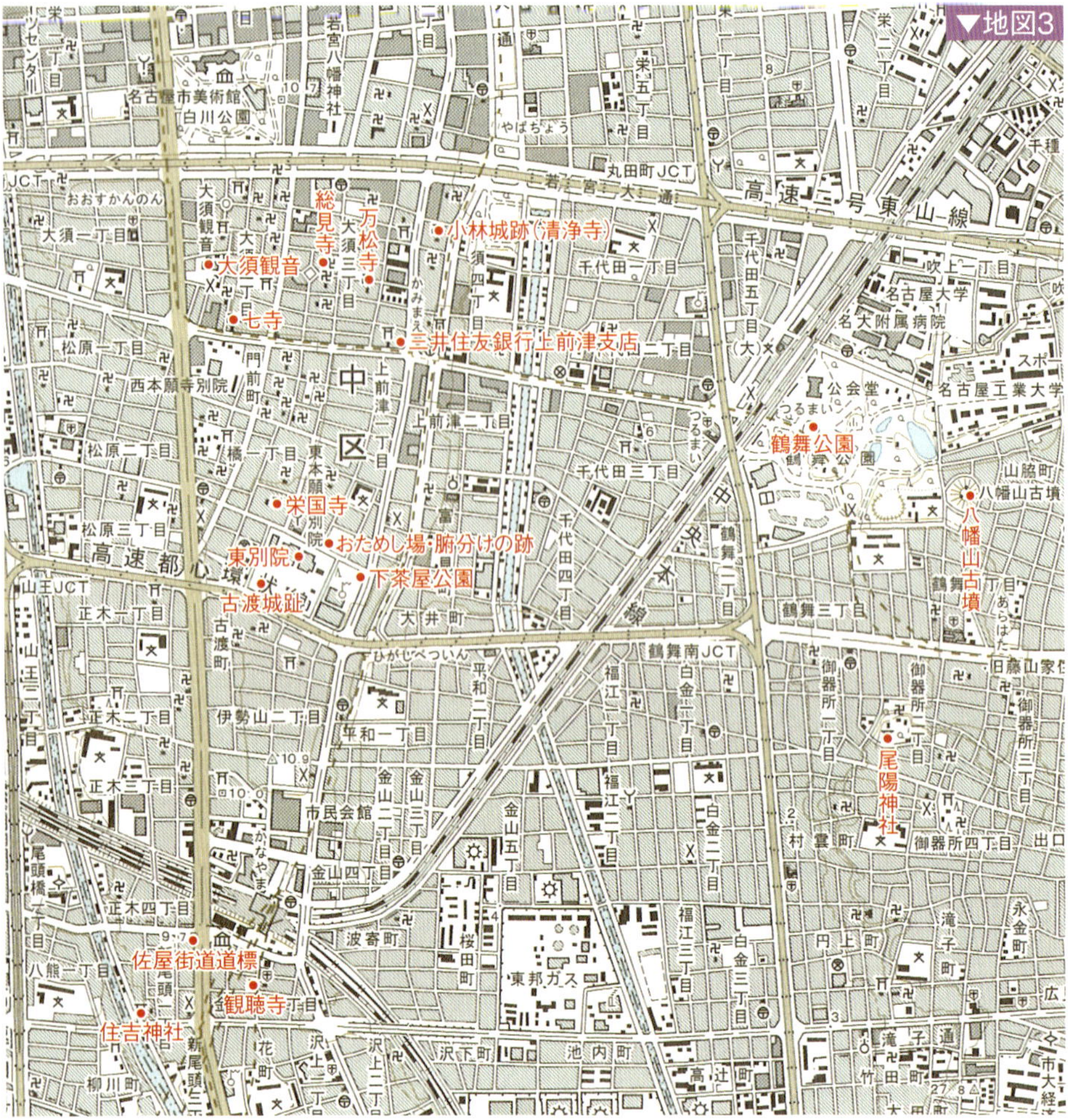
▼地図3
大須観音
七寺
総見寺
万松寺
小林城跡（清浄寺）
三井住友銀行上前津支店
鶴舞公園
八幡山古墳
栄国寺
おためし場・腑分けの跡
東別院
下茶屋公園
古渡城趾
尾陽神社
佐屋街道道標
観聴寺
住吉神社
名古屋市美術館
白川公園
若宮八幡神社
中区
名古屋大学
名大附属病院
名古屋工業大学
公会堂
市民会館
東邦ガス
高速都心環状線
高速二号東山線
若宮大通
丸田町JCT
鶴舞南JCT
山王JCT
中央本線
大須一丁目
松原一丁目
松原二丁目
松原三丁目
西本願寺別院
千代田一丁目
千代田三丁目
上前津二丁目
正木一丁目
正木二丁目
正木三丁目
正木四丁目
伊勢山二丁目
平和一丁目
大井町
鶴舞三丁目
御器所四丁目
村雲町
円上町
波寄町
沢下町
池内町
高辻町
八熊一丁目
柳川町

0 500m

▼地図4

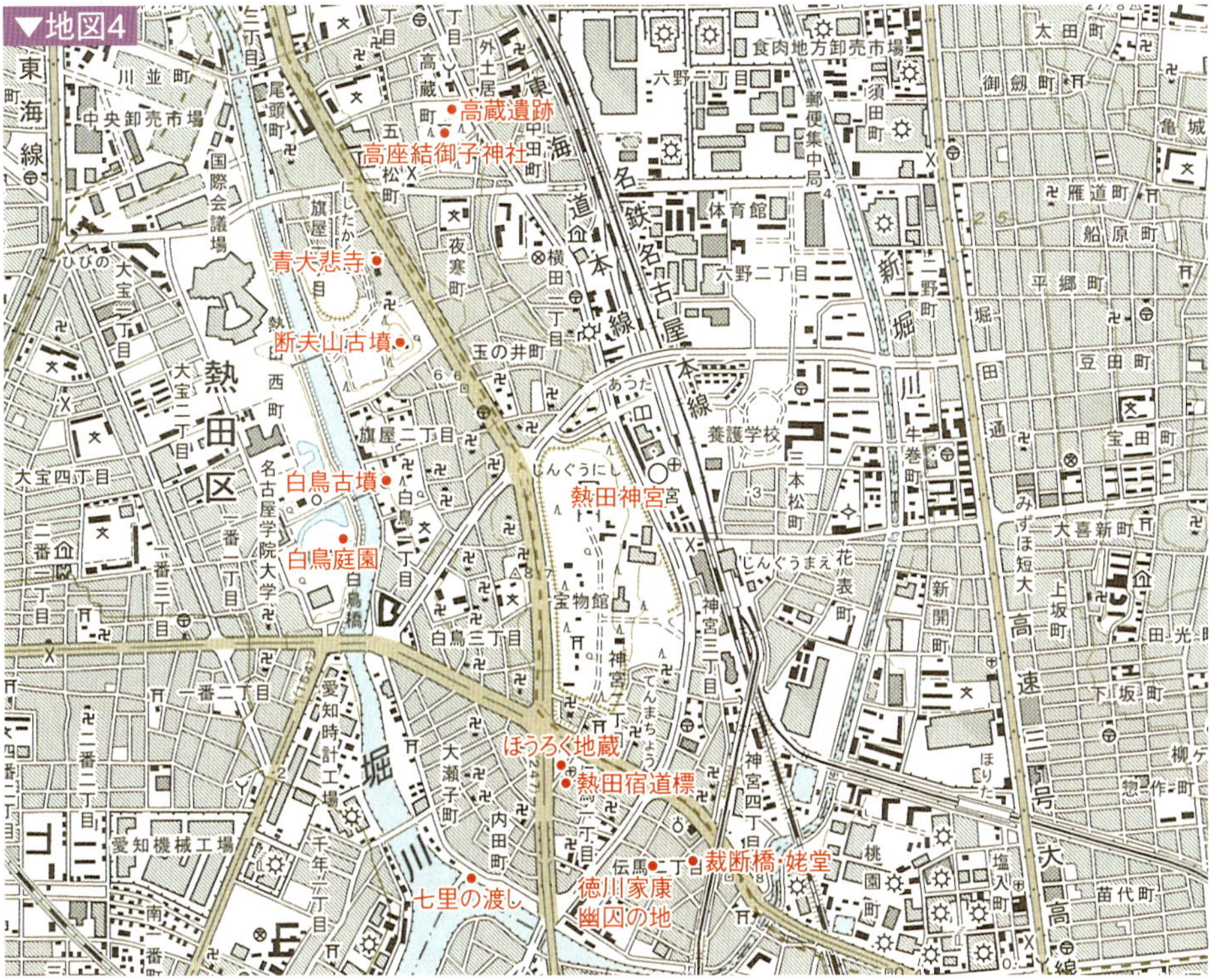
高蔵遺跡
高座結御子神社
青大悲寺
断夫山古墳
白鳥古墳
白鳥庭園
熱田神宮
ほうろく地蔵
熱田宿道標
裁断橋・姥堂
七里の渡し
徳川家康
幽囚の地

▼地図5

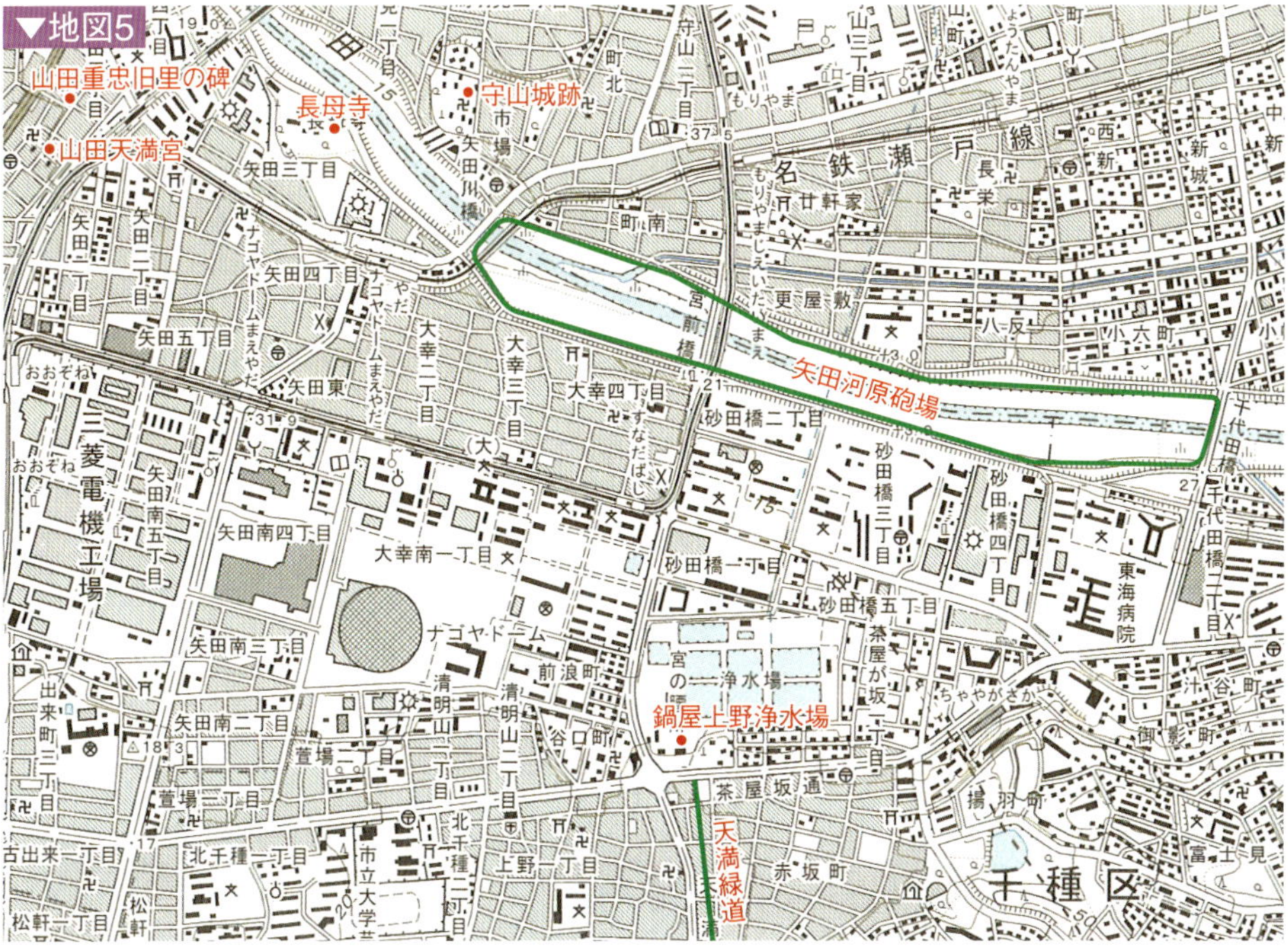
山田重忠旧里の碑
山田天満宮
長母寺
守山城跡
矢田河原砲場
鍋屋上野浄水場
天満緑道

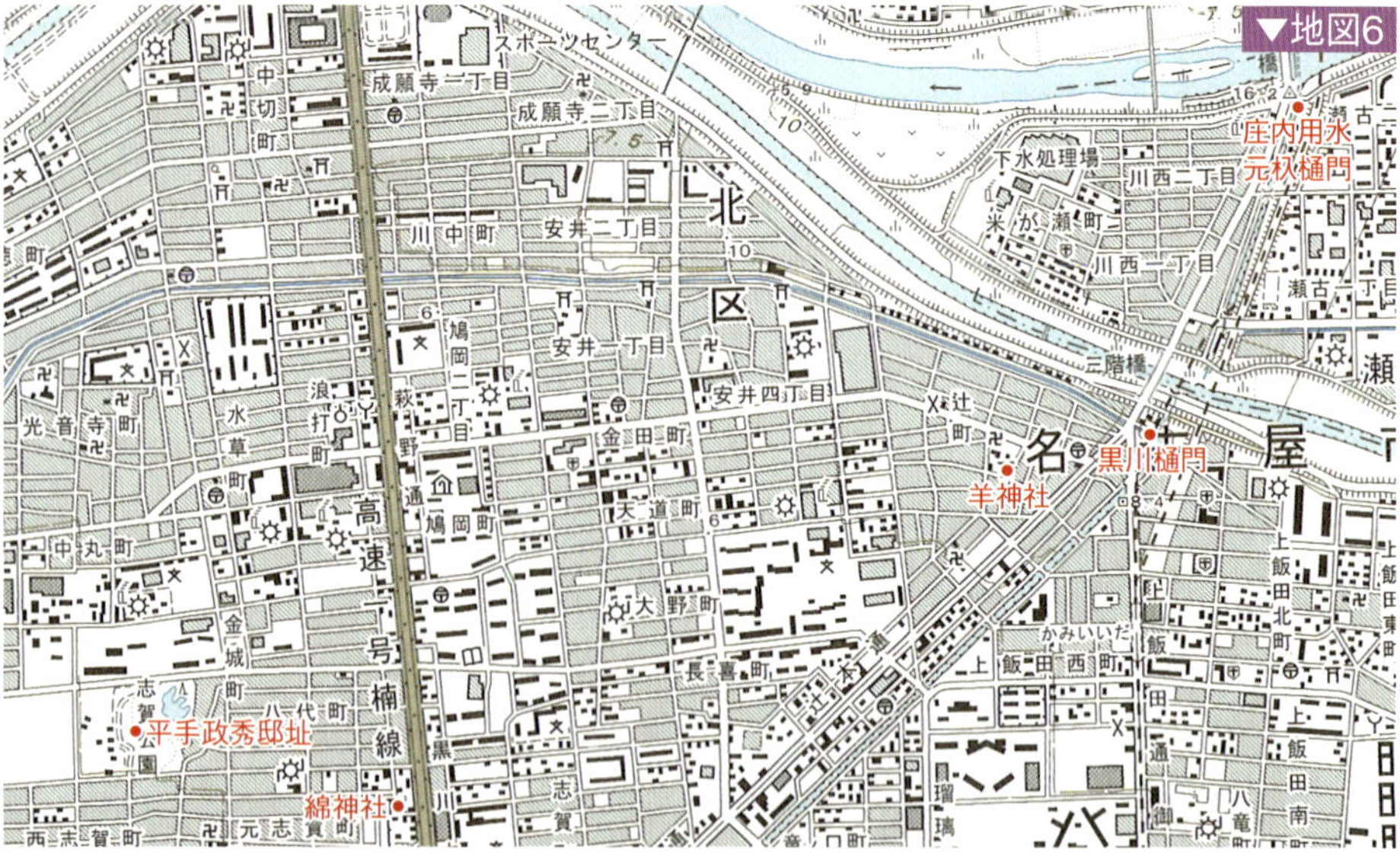
▼地図6
庄内用水元杁樋門
黒川樋門
羊神社
平手政秀邸址
綿神社
北区
名古屋
高速一号楠線

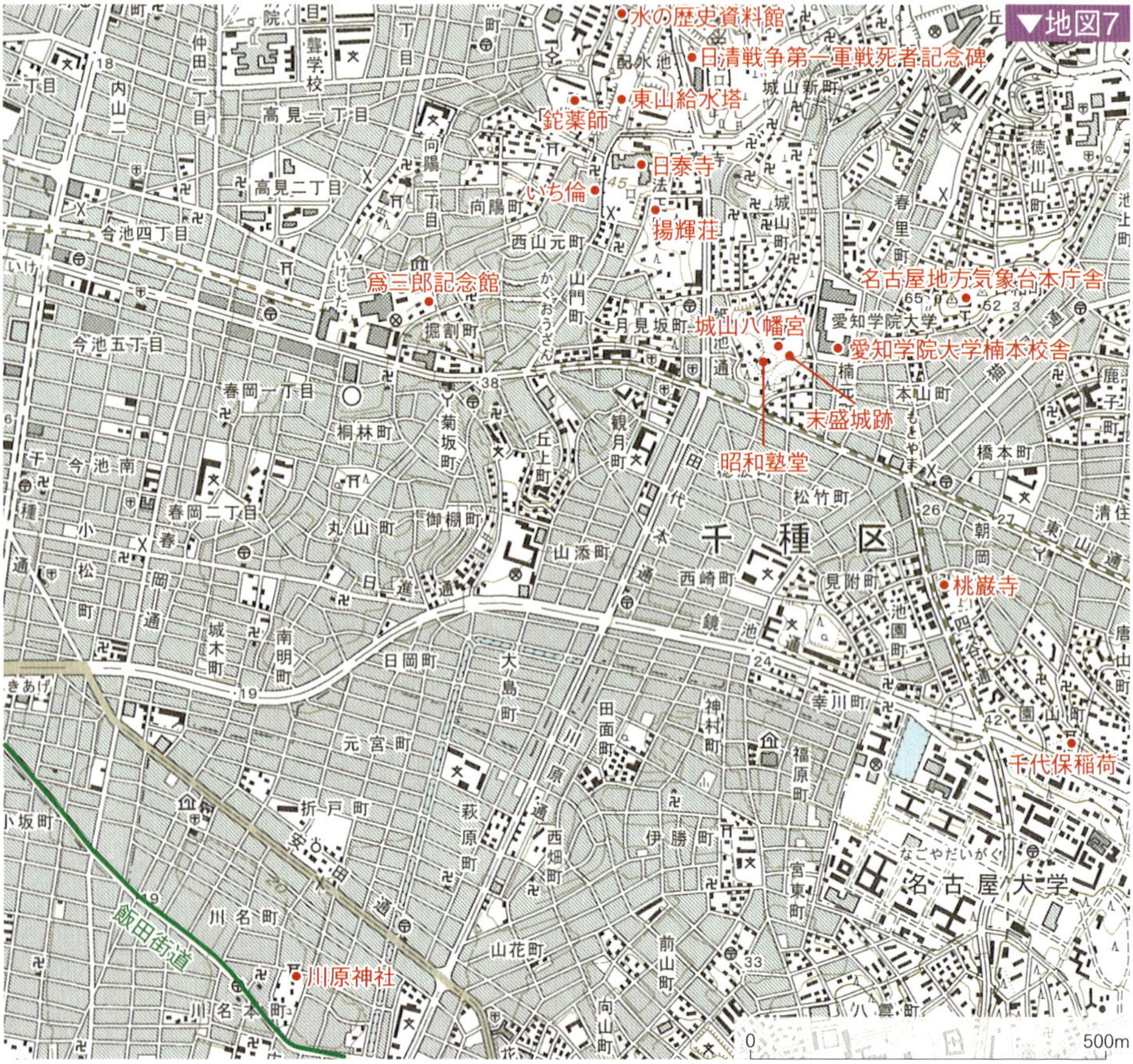
▼地図7
水の歴史資料館
日清戦争第一軍戦死者記念碑
東山給水塔
鉈薬師
日泰寺
いち倫
揚輝荘
爲三郎記念館
名古屋地方気象台本庁舎
城山八幡宮
愛知学院大学楠本校舎
末盛城跡
昭和塾堂
桃巌寺
千代保稲荷
川原神社
飯田街道
千種区
名古屋大学
0
500m

▼地図8

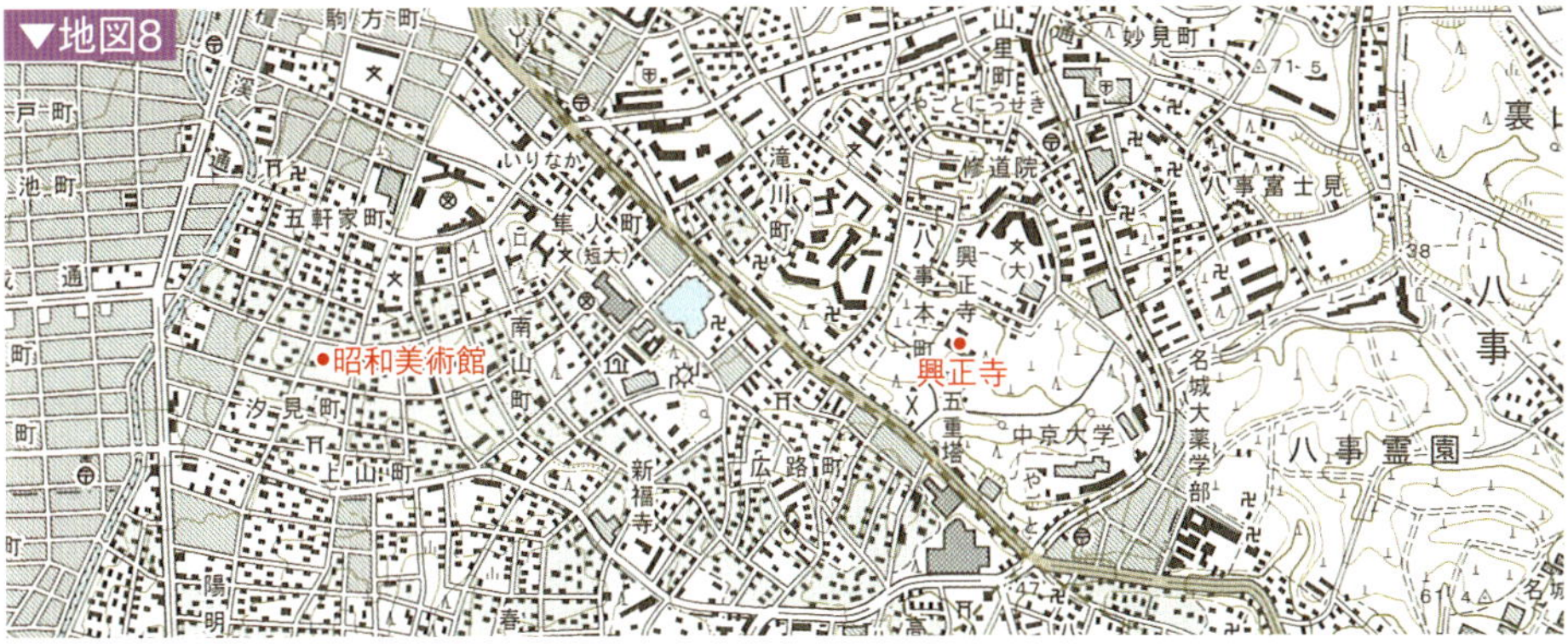
昭和美術館
興正寺
八事霊園
中京大学

▼地図9

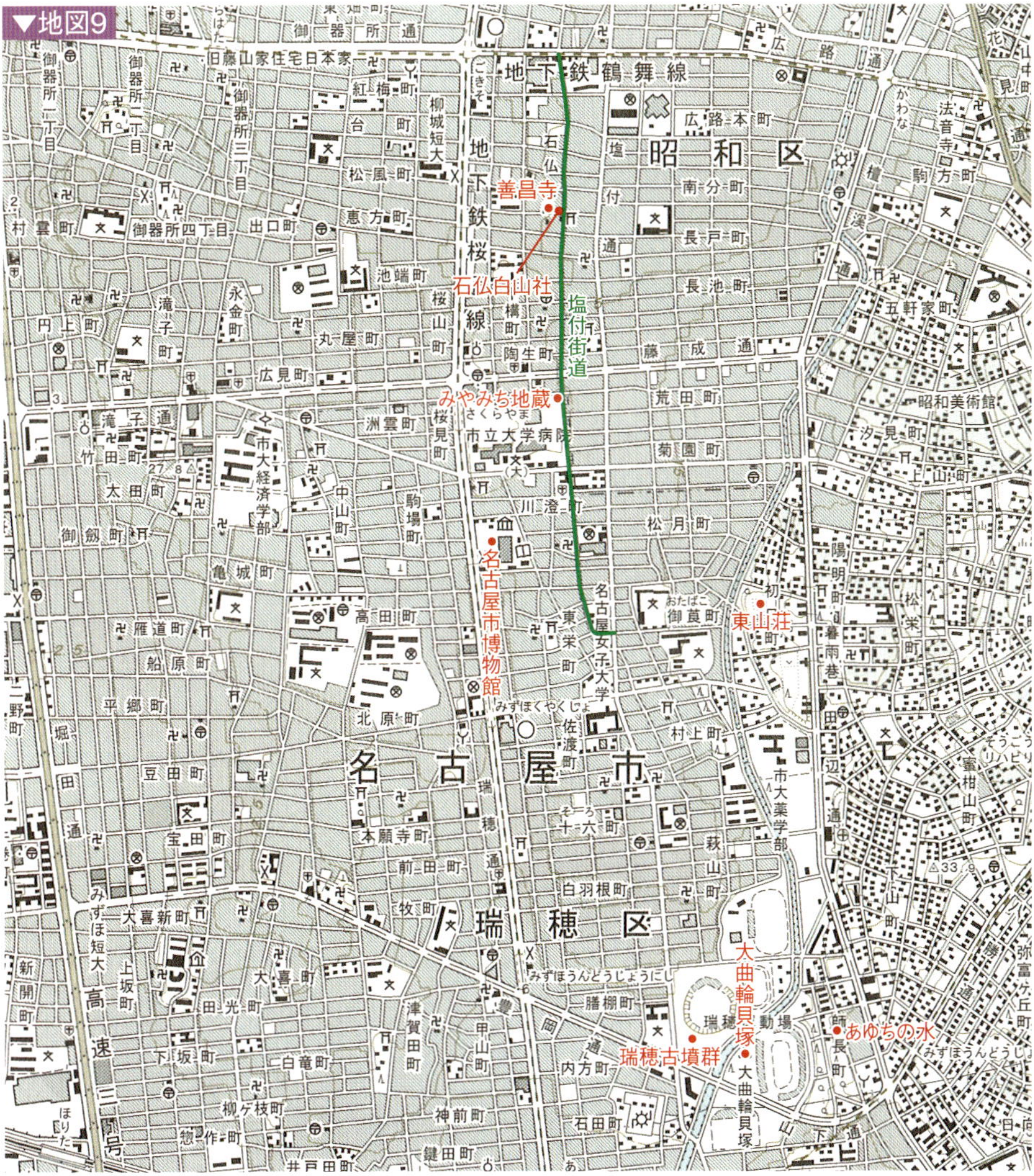
善昌寺
石仏白山社
塩付街道
みやみち地蔵
名古屋市博物館
東山荘
大曲輪貝塚
瑞穂古墳群
あゆちの水
昭和区
瑞穂区
名古屋市

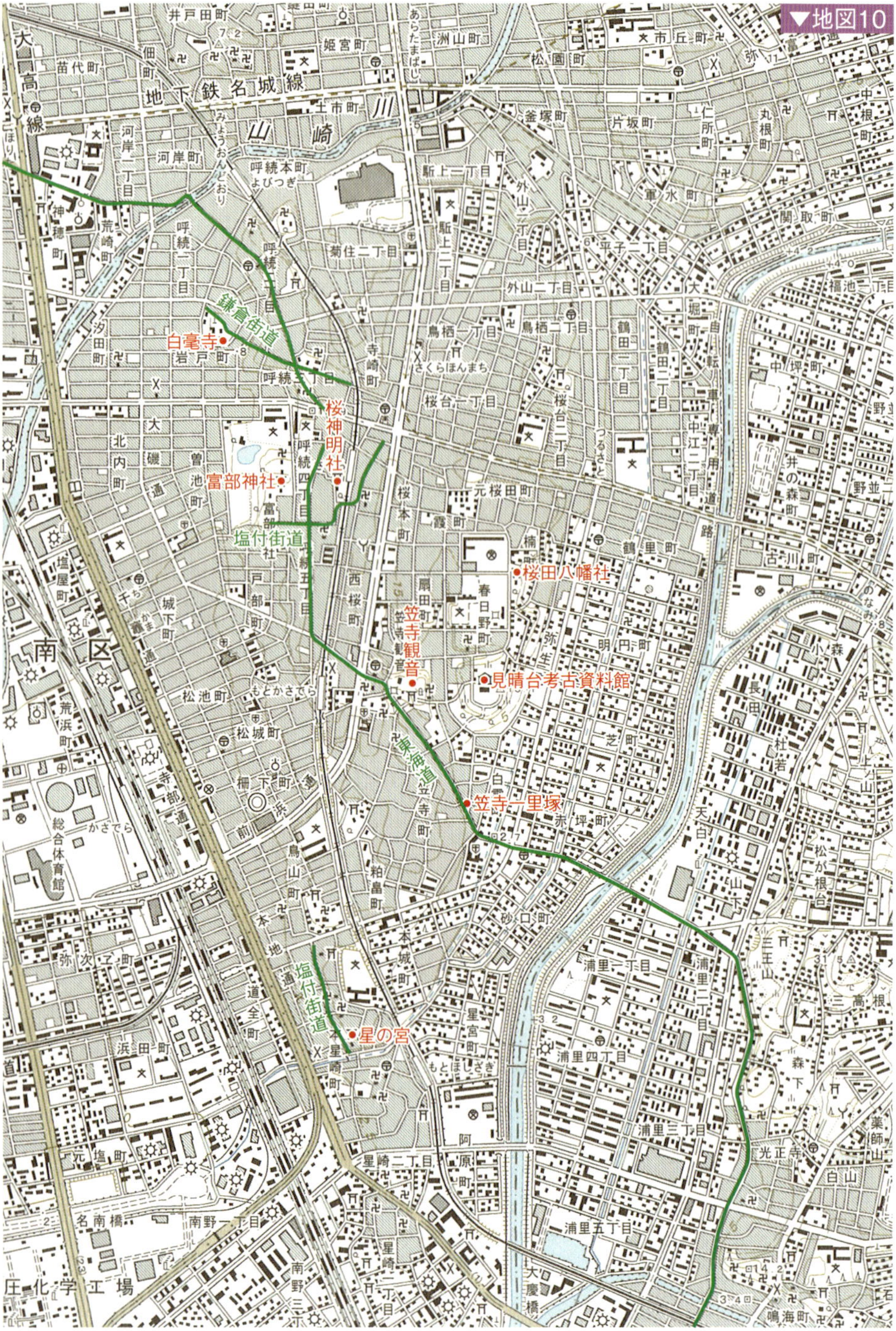
▼地図10
白毫寺
鎌倉街道
桜神明社
富部神社
塩付街道
桜田八幡社
笠寺観音
見晴台考古資料館
東海道
笠寺一里塚
星の宮
塩付街道
地下鉄名城線
山崎川
南区
総合体育館
呼続
桜本町
寺崎町
鳥栖一丁目
鳥栖二丁目
桜台一丁目
元桜田町
鶴里町
明円町
芝町
赤坪町
笠寺町
星崎町
浦里一丁目
浦里四丁目
浦里三丁目
浦里五丁目
大慶橋
光正寺
鳴海町

0　500m

▼地図11

明徳寺（下社城址・柴田勝家出生地）
猪高緑地
スポーツセンター
老人ホーム
植田川
上社ＪＣＴ
貴船三丁目
陸前町
亀の井二丁目
社が丘四丁目
上社五丁目
上社四丁目

▼地図12

陸軍墓地
ピースあいち
徳川宗春の墓
平和堂
東山植物園
也有園
旧兼松家長屋門
平和公園
猫ヶ洞池
愛知東邦大学
愛知淑徳大学
スポーツセンター
東山スカイタワー
東山動植物園
名古屋大学
椙山女学園大学
東山トンネル
猫洞通
東山通

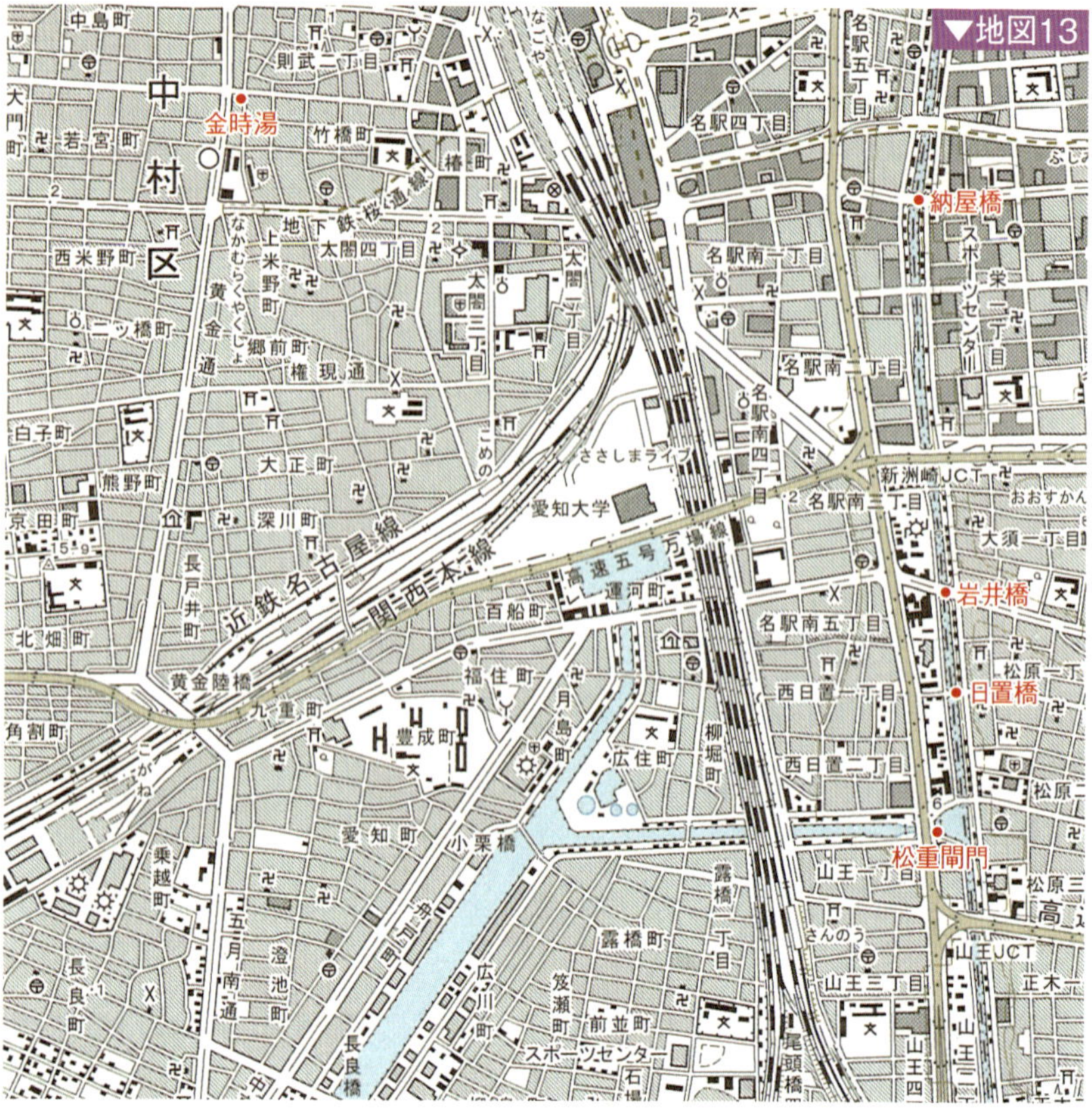
▼地図13
金時湯
納屋橋
岩井橋
日置橋
松重閘門
中村区
名駅四丁目
名駅南一丁目
名駅南二丁目
名駅南三丁目
名駅南五丁目
太閤四丁目
則武二丁目
竹橋町
若宮町
西米野町
上米野町
二ツ橋町
郷前町
権現通
黄金通
白子町
熊野町
大正町
京田町
深川町
長戸井町
北畑町
黄金陸橋
九重町
福住町
豊成町
角割町
愛知大学
ささしまライブ
運河町
百船町
月島町
広住町
柳堀町
西日置一丁目
西日置二丁目
新洲崎JCT
大須一丁目
松原一丁目
松原三丁目
山王一丁目
山王三丁目
山王JCT
正木一
露橋町
笈瀬町
前並町
スポーツセンター
小栗橋
愛知町
乗越町
五月南通
澄池町
長良町
長良橋
広川町
尾頭橋
近鉄名古屋線
関西本線
高速五号万場線
地下鉄桜通線

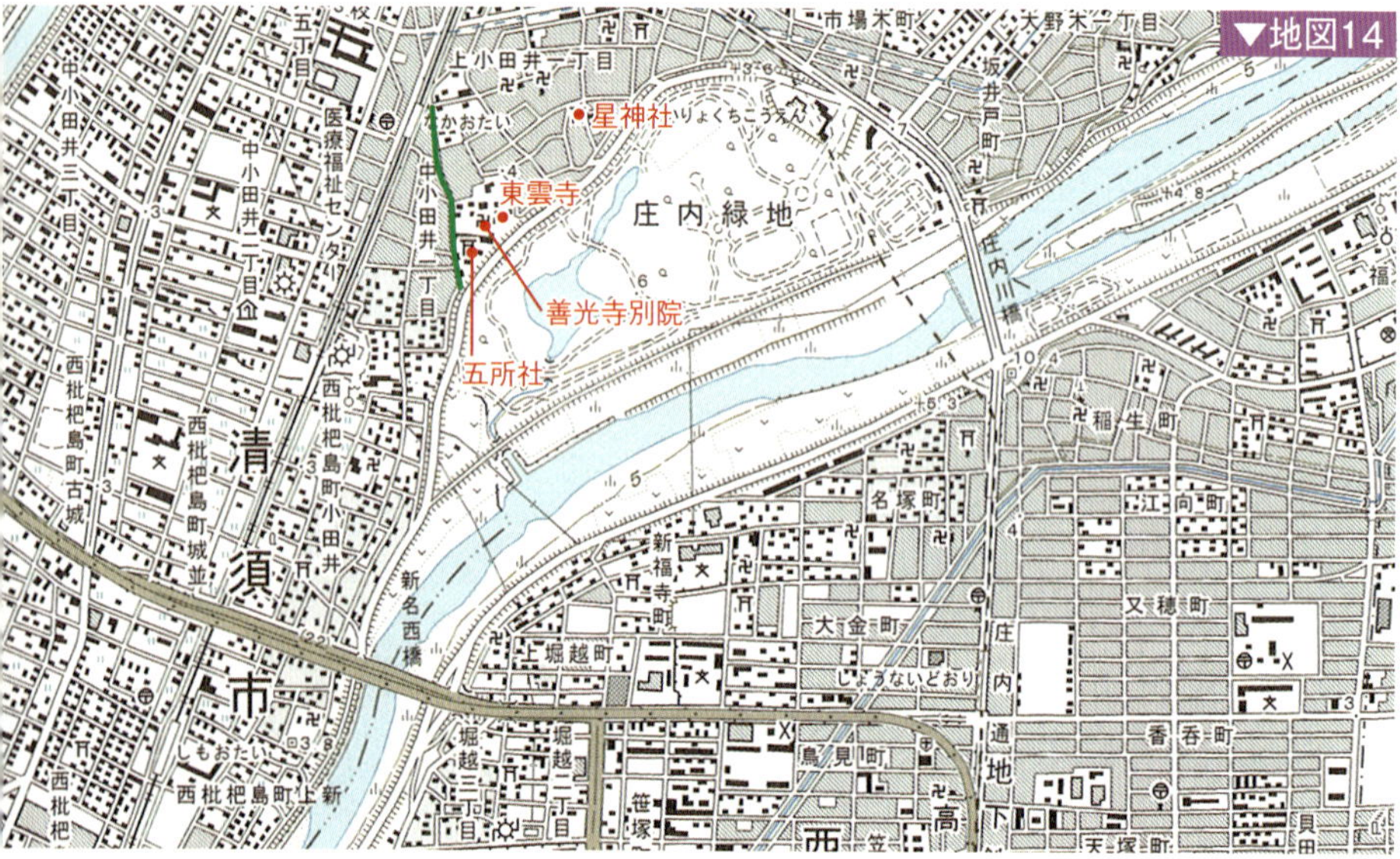
▼地図14
星神社
東雲寺
善光寺別院
五所社
庄内緑地
上小田井一丁目
中小田井二丁目
中小田井三丁目
中小田井一丁目
市場木町
大野木一丁目
坂井戸町
庄内川橋
稲生町
名塚町
江向町
新福寺町
又穂町
大金町
堀越町
香呑町
鳥見町
笹塚町
清須市
西枇杷島町古城
西枇杷島町城並
西枇杷島町小田井
西枇杷島町上新
新名西橋
医療福祉センター
りょくちこうえん
かみおたい
しもおたい
じょうないどおり
庄内通
堀越一丁目
堀越三丁目

0 500m

▼地図15

豊国神社
秀吉清正記念館
妙行寺
旧稲本楼
素盞男神社
旧一徳
名古屋第一赤十字病院
寿湯
旧新千寿
旧稲葉地配水塔
七所社
八幡社
佐屋街道
岩塚城跡
荒子観音
荒子城跡

本書の地図は、国土地理院発行の2万5千分の1の地形図「名古屋北部」「名古屋南部」「清洲」「蟹江」「平針」を使用したものである。

［編著者略歴］
中山正秋（なかやま・まさあき）
1950年、名古屋生まれ。愛知県立旭丘高等学校卒業。
同志社大学文学部文化史学科卒業後、愛知県の県立高校で35年間、日本史を担当。
現在、名古屋産業大学非常勤講師、尾張旭市公民館講座講師

装幀・本文基本フォーマット／竹内進

［増補改訂］ドニチエコきっぷでめぐる名古屋歴史散歩

2014年11月1日　第1刷発行　（定価はカバーに表示してあります）

編著者　中山　正秋
発行者　山口　章

発行所　名古屋市中区上前津2-9-14　久野ビル
電話052-331-0008　FAX052-331-0512
振替00880-5-5616　http://www.fubaisha.com/
風媒社

乱丁・落丁本はお取り替えいたします。
ISBN978-4-8331-0161-5
＊印刷・製本／大阪書籍印刷

溝口常俊 編著

古地図で楽しむなごや今昔

絵図や地形図を頼りに街へ出てみよう。なぜ、ここにこれがあるのか？　人の営み、風景の痕跡をたどると、積み重なる時の厚みが見えてくる。歴史探索の楽しさ溢れるビジュアルブック。

一七〇〇円＋税

池田誠一

なごやの古道・街道を歩く

大都市名古屋にもこんな道がかくれていた！名古屋を通っている古道・街道の中から、江戸時代のものを中心に二十二本の道を選び収録。街道ごとに、その道の成立や全体像、そして二〜三時間で歩ける区間を紹介。

一六〇〇円＋税

名古屋タイムズアーカイブス委員会 編

昭和イラストマップ
名古屋なつかしの商店街

円頓寺、名駅西銀座通、弁天通、大須、車道、今池、覚王山、大曽根、雁道、尾頭橋など…昭和二十年代末から四十年代の商店街の姿がイラストマップで蘇る。名古屋タイムズ秘蔵写真も多数収録。街歩きのお供に。

一五〇〇円＋税